KB140507

철학적 생각을
배우는 작은 수업

철학적 생각을
배우는 작은 수업

지은이 / 칼 야스퍼스
옮긴이 / 한충수
펴낸이 / 강동권
펴낸곳 / (주)이학사

1판 1쇄 발행 / 2020년 11월 30일

등록 / 1996년 2월 2일 (신고번호 제1996-000015호)
주소 / 서울시 종로구 율곡로13가길 19-5(연건동 304) 우 03081
전화 / 02-720-4572 · 팩스 / 02-720-4573
홈페이지 / ehaksa.kr
이메일 / ehaksa1996@gmail.com
페이스북 / facebook.com/ehaksa · 트위터 / twitter.com/ehaksa

한국어판 ⓒ (주)이학사, 2020, Printed in Seoul, Korea.
ISBN 978-89-6147-376-7 03100

KLEINE SCHULE DES PHILOSOPHISCHEN DENKENS by Karl Jaspers

Copyright ⓒ 1965, 1974 Piper Verlag GmbH, München/Berlin
All rights reserved.

Korean Translation edition ⓒ 2020 by EHAKSA Inc.
Published by arrangement with Piper Verlag GmbH, München/Berlin
through Guy Hong Agency.

이 책의 한국어판 저작권은 기홍에이전시를 통해 독일 Piper 출판사와 독점 계약한
(주)이학사에 있습니다. 저작권법에 의해 한국 내에서 보호를 받는 저작물이므로
무단 전재와 무단 복제를 금합니다.

* 책값은 뒤표지에 표시되어 있습니다.

철학적 생각을
배우는 작은 수업

칼 야스퍼스 지음
한충수 옮김

KARL
JASPERS

Kleine Schule
des philosophischen
Denkens

이학사

일러두기

1. 이 책은 Karl Jaspers, *Kleine Schule des philosophischen Denkens*(Piper, 2018)를 우리말로 옮긴 것이다.
2. 각주는 모두 옮긴이가 단 것이다.
3. 원서의 이탤릭체를 우리말로 옮길 때는 고딕체로(단 이탤릭체 중 도서명은 『 』로) 표기하였다.
4. 인명, 지명, 작품명 및 희랍어, 라틴어 등의 발음 표기는 외래어표기법을 따르는 것을 원칙으로 하되, 표기 규정이 불확실한 경우는 원지음으로 표기하였다.
5. " "는 야스퍼스가 사용한 인용 부호를 옮긴 것이고, ' '는 원서에서 콜론(:)이나 세미콜론(;)이 사용된 문장의 문맥을 우리말로 분명하게 옮기기 위해서 옮긴이가 추가한 것이다.
6. 부호의 쓰임은 다음과 같다.
   『 』: 도서명(희곡, 경전, 성전 포함)
   「 」: 성서의 편명
   〈 〉: 그림의 제목
   ( ): 지은이의 부연 설명
   [ ]: 옮긴이의 부연 설명, 여러 의미로 읽을 수 있는 독일어 표현에 대한 다른 가능한 번역
   …: 인용문에서 지은이의 전략, 중략, 후략

차례

머리말

독일 바이에른주州 공영방송의 텔레비전 대학에서 3개월 동
안 매주 한 번씩 철학 강의를 해달라고 요청해 왔을 때 저는 깜
짝 놀랐습니다. 방송이라니, 얼마나 멋진 모험입니까! 강연자
에겐 얼마나 근사한 일입니까! 저는 주저하지 않았습니다. 철
학이란 사람다운 사람을 위해, 모든 개인을 위해 있는 것입니
다. 저는 "철학적 생각을 배우는 작은 수업"이란 강의 제목을
제안했습니다.[1]

---

1 이 강의의 독일어 제목은 *Kleine Schule des philosophischen Denkens*입니다. 여기
서 Schule는 "학교"나 "수업"으로 번역할 수 있는데, 대학 철학 강의에 "학
교"라는 명칭은 잘 어울리지 않는 데다가 여기서 야스퍼스가 행하는 것
은 수업입니다. 그래서 저는 제목을 "철학적 생각을 배우는 작은 수업"으
로 옮깁니다. "수업授業"이라는 말에는 "가르쳐주다[授]"라는 의미가 지배
적입니다. 특히 한국에서는 "수업" 하면 주입식 수업을 쉽게 떠올립니다.
하지만 야스퍼스의 수업의 목표는 지식 전달에 있는 것이 아니라 시청자

"작은" 수업이란 표현은 철학의 작은 주제들에 대해 말한다거나 철학하기를 준비하기 위해서 쉬운 기초들을 설명한다는 것을 뜻하지 않습니다. 그런 것은 없습니다. 철학하는 사람은 철학 자체 안에 있으면서 곧바로 큰 주제에 관여합니다. 그렇지 않다면 철학을 하고 있다고 말할 수 없습니다. "작은"이란 표현은 간결함만을 뜻합니다. 간결한 철학적 생각을 통해 철학함에 집중할 것입니다.

작은 "수업"이란 표현은 시청자에게 어떤 것을 가르쳐서 알리는 것을 뜻하지 않습니다. 시청자는 단순히 지식을 전달받기만 하는 것이 아닙니다. 오히려 생각의 길을 가야 합니다. 가다 보면 감동을 받아 진정한 철학이 무엇인지 문득 깨달을 수 있으리라는 희망을 품은 채 말이죠. 이제까지 철학을 부지중에 경험해온 시청자도 그럴 수 있습니다.

마지막으로 "철학적" 생각을 배우는 수업이란 표현은 경험과 이성에 근거한 생각을 극단까지 밀어붙여서 그 근원들을 드러내는 것을 뜻합니다. 여기에서 수업이란 표현은 형식논리학이나 수리논리학에서 언어를 분석하는 방법을 학습하는 것을 뜻하지 않습니다. 그런 학습은 그 나름대로 의미가 있겠지만 철학

가 스스로 철학적으로 생각하게 하는 데에 있습니다. 이런 능동성을 나타내기 위해 독일어 제목에 없는 "배우다"라는 표현을 한국어 제목에 추가합니다.

적으로까지 의미가 있는 것은 아닙니다. 오히려 철학적 생각을 배우는 수업은 우리에게 의미와 목표가 되는 근거를 우리 안에서 그리고 우리 바깥에서 더 뚜렷하게 하는 생각을 보여주려고 합니다.

텔레비전 방송의 특성상 매주 30분의 시간이 주어집니다. 따라서 매주 그 자체로 완결된 강의를 해야 합니다. 저는 (다룰 수 있는 많은 주제 가운데) 열세 가지를 골랐습니다.

제1부 출발점
    첫 번째 강의: 우주와 생명체
    두 번째 강의: 역사와 현재
    세 번째 강의: 근본에 대한 앎
    네 번째 강의: 인간

제2부 정치에 관해서
    다섯 번째 강의: 정치 토론
    여섯 번째 강의: 인간의 정치적 성장
    일곱 번째 강의: 지식과 가치판단
    여덟 번째 강의: 심리학과 사회학
    아홉 번째 강의: 공개성

제3부 영원에 내린 닻

각각의 강의는 눈에 보이는 경험, 실재 자연, 현실의 삶, 전통으로부터 출발하고, 매번 과학이 답하지 못하는 물음들이 나타나는 한계에 도달합니다. 거기서 우리는 근본적 존재에 대해 놀라움을 경험합니다. 거기서 우리는 자기 삶의 의미와 과제에 대해 묻습니다.

모든 강의가 서로 연결되는 이유는 앞선 강의에서 그 뒤를 잇는 강의가 나오기 때문이 아닙니다. 각각의 강의는 서로 다른 방식으로 처음부터 시작됩니다. 모든 강의는 하나의 중심을 향해 있는데, 그 중심 자체를 강의의 주제로 삼을 수는 없습니다. 이런 중심 때문에 모든 강의는 서로 연결된 것입니다.

철학은 보편적입니다. 철학과 무관한 것은 아무것도 없습니다. 철학하는 사람은 모든 것에 관심을 둡니다. 하지만 모든 것을 다 알 수 있는 사람은 없습니다. 모든 것을 알려는 헛된 길과 모든 것을 아우르는 것을 향한 철학적인 길의 차이는 무엇일까요? 지식은 끝이 없고, 곳곳에 흩어져 있습니다. 철학함은 지식의 도움을 받아 앞서 말한 중심에 이르고자 합니다. 단순한 지식은 무더기로 쌓인 것입니다. 철학은 늘 한 덩어리입니다. 지식은 합리적인 것이며, 모든 지성인에게 똑같이 접근 가능합니다. 철학은 생각의 방식이며, 그것은 사람 전체에 깃들어 그 사람의 본질이 됩니다.

이런 방식으로 생각하면서 강의는 진행될 것입니다. 강의 중에는 실재하는 것에 관심을 가질 텐데, 모든 것이 그 관심의 대상이 될 수 있습니다. 그 실재하는 것으로부터 만물의 근거에 이르는 실마리들을 찾을 것입니다. 또는 그 근거를 바탕으로 실재를 더 뚜렷하게 할 것입니다. 따라서 이렇게 다른 방식의 생각으로 도약하는 것이 중요합니다.

그런데 철학 강의는 이처럼 드높은 것들을 향해 있기 때문에 우리는 겸허해야 합니다. 우리에게 도움을 주는 지식은 지식의 바다로부터 퍼낸 아주 적은 양의 물에 불과합니다. 우리가 철학하는 것도 광활한 철학의 하늘에서 숨을 몇 번 쉬는 것에 불과합니다.

첫 번째 비유는 지식의 물을 정신의 양식으로 만드는 일은 머리로만 하는 것이 아니라 지식을 생각하면서 소화해내는 사람이 온몸으로 한다는 것을 뜻합니다. 그리고 두 번째 비유가 뜻하는 것은 철학함의 순수한 공기 안에서 실제로 숨 쉬며 실존하는 사람만이 그 공기를 정신의 힘으로 만든다는 것입니다. 철학적 생각은 시청자에게 이렇게 만들어지는 것들에 대한 관심을 불러일으킬 수 있습니다. 하지만 생각만으로는 시청자가 지식의 물을 정신의 양식으로 만들거나 공기를 정신의 힘으로 만드는 것을 대신할 수 없습니다. 어떤 것에 대해 이야기하고 말하는 상태로부터 그것에 관여하는 상태로 옮겨 가는 일은 모든 개인 각각이 수행할 수밖에 없습니다.

매 강의마다 우리는 경험과 논리의 한계에 이르고 물음을 던지게 될 것입니다. 우선 우리는 대답을 듣습니다. 하지만 어떤 대답도 최종적인 대답이 아닐 것입니다. 모든 대답은 새로운 물음들로 이어집니다. 강의의 최종적인 물음에는 대답이 없지만 그것이 공허한 물음으로 멈춰 선 것은 아닙니다. 오히려 그 물음은 고요함으로 충만한 상태를 낳습니다. 그것은 아무것도 없는 상태가 아닙니다. 오히려 사람의 내면에 자리한 본래적인 것, 즉 요청, 이성, 사랑이 나타나서 말할 수 있는 상태입니다.

1964년 10월 바젤에서

칼 야스퍼스

제1부 출발점

첫 번째 강의: 우주와 생명체

1. 1919년과 1945년의 두 사건

우리는 우주와 물질에 관한 지식이 가장 풍부한 시대를 목격하고 있습니다. 그리고 이 시대가 인류의 의식에 깊은 인상을 남긴 사건들도 목격하고 있습니다. 저는 두 가지 사건을 떠올려 봅니다.

제1차 세계대전 직후인 1919년, 적개심이 감돌던 비참한 세계에서 어떤 사건이 일어났습니다. 그 사건은 사람다운 사람이라면 관심을 가질 만한 중요한 사건이 되었습니다. 남반구에서 일식이 일어났을 때, 영국인들이 발족한 탐험대가 고도의 기술을 요하는 관측을 해냈습니다.[1] 그 결과 독일인 과학자 아인슈

---

1   1919년 5월 29일에 아서 에딩턴Arthur Eddington(1882-1944)은 아프리카 근

타인의 공상 같던 예언이 맞는 것으로 증명되었습니다. 그리고 우주를 삼차원 공간이 아니라 휘어진 공간으로, 경계는 없지만 유한한 것으로 상상한 그의 이론이 부분적으로 맞았다는 것도 증명되었습니다. 전문가들은 상대성이론을 알고 있었고, 교육을 받은 사람들은 장난스런 생각 같은 그 이론에 대해 들어본 적이 있었습니다. 이제 갑자기 상대성이론은 더 이상 공상이 아니게 되었습니다. 관측 증거가 눈앞에 있었습니다. 세계의 언론은 생소한 놀라움에 휩싸였습니다. 왜냐하면 우주란 무엇인가라는 물음은 가장 자유로운 지식욕을 자극하는 것이기 때문입니다. 먼 과거에 자명했던 것들이 그 근거를 상실하게 되었다는 것을 사람들은 느꼈습니다. 과학에 대한 자부심은 모두가 사심 없이 공유할 수 있는 기쁨이었습니다.

1945년에는 히로시마와 나가사키에 원자폭탄이 투하되었습니다. 오래전부터 사람들은 아인슈타인의 생각에 대해 들어왔습니다. 우리가 기술을 통해 마음대로 다룰 수 있다고 알려진 에너지의 총합보다 훨씬 더 많은 에너지가 원자 물질에 들

처의 프린시페섬에서 개기일식이 일어나는 순간 황소자리에 있는 별의 위치를 관측했습니다. 아인슈타인의 일반상대성이론, 즉 더 무거운 물체일수록 그 주변의 시공간을 더 크게 구부린다는 것을 증명하기 위해서였습니다. 뉴턴의 이론이 맞다면 그 별빛은 휘어지지 않은 공간을 직선으로 통과할 것이고, 아인슈타인의 이론이 맞다면 태양에 의해 구부러진 시공간을 곡선으로 지날 것이었습니다. 관측 결과는 아인슈타인이 예측한 대로 나왔고, 전 세계 신문의 1면 머리기사를 장식했습니다.

어 있다는 생각 말이죠. 아인슈타인은 질량과 에너지에 대한 유
명한 방정식을 세웠습니다.² 하지만 사람들은 그 에너지를 원
자로부터 꺼낼 수 없었습니다. 그래서 아인슈타인의 생각은 실
용성이 없는 공상처럼 보였습니다. 우리는 질량에너지라는 어
마어마한 화산 위에 있지만 그 화산은 결코 분화하지 않는다는
견해가 통용되었습니다. 제2차 세계대전 중에도 독일의 어느
유명한 물리학자는 원자폭탄의 제조가 불가능하다고 예측했습
니다.³ 그러나 미국으로 이주한 유럽인들은 그때 이미 원자폭
탄을 제조하고 있었습니다. 갑자기 원자폭탄은 히로시마에서
현실이 되었습니다. 처음에 독일의 물리학자들은 그 소식을 부
인하기까지 했습니다. 하지만 나중에 그들은 사태를 이해할 수

---

2 아인슈타인에 따르면 어떤 물질이 가진 에너지의 양은 그 물질의 질량
   에 광속의 제곱을 곱한 것과 같습니다. 수식으로는 $e=mc^2$이라고 표현됩
   니다. 히로시마에 투하된 원자폭탄은 핵분열의 원리를 이용한 것입니다.
   우라늄의 원자핵에 중성자를 충돌시키면 우라늄은 바륨과 크립톤 그리
   고 2개의 중성자로 나누어집니다. 2개의 중성자는 다른 우라늄의 핵과
   충돌해 연쇄반응을 기하급수적으로 일으킵니다. 우라늄이 이렇게 핵분
   열을 할 때 줄어드는 질량은 어마어마한 양의 열에너지로 변하고, 엄청
   난 폭발을 일으킵니다.
3 독일의 물리학자 베르너 하이젠베르크Werner Heisenberg(1901-1976)는 불
   확정성원리와 원자핵의 구조를 밝혔고, 1932년에 노벨 물리학상을 받았
   습니다. 그는 1941년에 독일의 핵분열 프로그램을 지휘하는 책임자가 되
   었습니다. 하이젠베르크는 옛 스승인 닐스 보어Niels Bohr(1885-1962)를 찾
   아가 독일에서 원자폭탄 개발이 잘 진행되지 않고 있다는 사실을 넌지시
   알려주었다고 합니다.

있었던 모든 사람과 마찬가지로 경악을 금치 못했습니다. 과학의 능력에 대한 자부심은 갓 시작된 것에 대한 불안감에 자리를 내주고 말았습니다.

2. 우주와 물질

이 두 사건 이후 우주와 물질에 대한 새로운 관념이 걷잡을 수 없는 기세로 우리에게 아로새겨졌습니다.

점점 더 많은 성과를 거두고 있는 천문 관측이 우리 눈에 시각적으로 보여준 우주의 모습은 이렇습니다. 은하수는 수십억 개의 태양으로 가득 차 있습니다. 수십억 개의 은하수는 성운을 이루고 있습니다. 우리와 가장 가까이 있어서 맨눈으로 볼 수 있는 성운은 안드로메다 성운입니다. 그 밖에도 맨눈으로는 볼 수 없는 수십억 개의 성운이 있습니다.

이런 우주의 모습은 아직 기존의 관념[시각적 이미지]과 같은 수준입니다. 다만 규모가 어마어마하게 커졌을 뿐입니다. 기존의 관념과 전혀 다른 새로운 점은 이렇게 시각화된 우주가 실재하는 우주의 겉모습이라는 것입니다. 실재 우주 자체가 어떤지는 생각만 할 수 있지 시각화할 수 없습니다. 오직 수학 공식으로만 접근할 수 있습니다. 하지만 이렇게 접근한 우주도 궁극적인 모습이 드러난 것은 아닙니다. 처음에 세계[우주]는 아인슈타인에 의해 휘어진 공간으로, 유한하지만 경계가 없는 것으로 생각되었고, 그 크기를 계산할 수 있는 것으로 생각되었습니다. 나중에 세계는 계속 팽창하는, 즉 점점 더 커지는 것이 되었습니다. 그 팽창이 시작된 시점도 계산되었습니다.[4] 이런 수학적 모델은 관측으로 확인하면 의미가 있지만, 새로운 관측으로 검증할 수 없으면 무의미한 것이 됩니다. 한 연구 분야를 개척한 사람이라면 누구나 극복할 수 없는 어려움에 부딪칩니다. 우주 전체에 대한 추상적인 수학적 모델들 가운데 그 어떤 것도 과학을 통해 완벽하게 증명될 수 없습니다. 우주는 마치 무한히 나아가는 연구의 길을 위해 열려 있는 것 같습니다.

우리는 강력한 과학에 힘입어 우주와 마찬가지로 물질도 이전과 전혀 다른 것으로 간주하게 되었습니다. 1890년대에 원자의 붕괴와 방사선의 방출을 발견한 것은 그 당시의 전문가들에게는 이미 정신적 혁명과 같은 사건이었습니다. 오늘날 원자의 존재는 과거 어느 때보다도 더 확실한 것으로 입증되었습니다. 그런데 원자는 궁극적인 소립자가 아니고, 더 작은 소립자들, 즉 양성자, 중성자, 전자 등으로 구성된 것입니다. 물질에 대한 관념은 기존의 것과 근본적으로 달라질 수밖에 없었습니다.

첫째, 시각화할 수 있는 궁극적인 소립자 같은 것은 더 이상

---

4 대폭발Big Bang 이론에 따르면 현재 우주에 존재하는 모든 물질과 에너지는 137억 년 전에 작은 점이 폭발하여 멀어지면서 생겨난 것이고, 우주는 지금도 계속해서 팽창하고 있다고 합니다.

존재하지 않습니다. 파동과 입자의 이중성과 같이 서로 분명히 모순되는 모델들에서는 수학적으로만 파악할 수 있는 과정들이 나타납니다.[5] 그 과정들은 상호 보완적이고 서로 모순되지 않습니다. 둘째, 새로운 소립자(여러 중간자 등등)가 계속 발견되고 있습니다.[6] 그러나 사람들은 물질의 가장 작은 궁극적인 부분까지 도달하지는 못했습니다. 몇 년 전 스탠포드대학에서 발표한 연구 보고서에 따르면 양성자는 소립자가 아니라 높은 밀도의 핵과 그것을 둘러싼 중간자의 구름으로 이루어져 있다고 합니다. 또한 그 보고서에는 다음과 같이 적혀 있습니다. '몇몇 물리학자는 그들이 결코 궁극적인 물질 구조에 다가가지 못할지도 모르며, 미립자 안에서 항상 새로운 하부구조를 발견할 것이라고 추측합니다.' 이런 추측이 의미하는 바는 단단해서 뚫고

5 양자역학에 따르면 모든 물질은 입자이면서 동시에 파동입니다. 빛도 그렇습니다. 17세기에 뉴턴은 빛이 입자의 흐름이라고 주장했지만 19세기에 이중 슬릿 실험을 통해서 빛은 파동으로 입증되었습니다. 20세기에 아인슈타인은 빛과 전자의 충돌 실험을 통해 빛이 입자임을 다시 증명했고, 이후에 과학자들은 빛을 파동과 입자의 성질을 모두 가지는 것으로 받아들였습니다. 이후에 이런 파동-입자 이중성은 모든 물질의 성질로 확장되었습니다.
6 중간자는 일본 물리학자 유카와 히데키湯川秀樹(1907-1981)에 의해 1935년에 그 존재가 예측되었습니다. 그의 계산에 따르면 중간자는 전자와 양성자의 중간 정도의 질량을 가져야 했고, 그래서 그는 그것을 중간자라고 불렀습니다. 중간자는 1947년에 우주에서 지구로 날아오는 입자선을 연구하던 영국의 연구팀에 의해 발견되었습니다. 중간자에는 여러 종류가 있어서 야스퍼스는 "여러 중간자"라고 쓴 것입니다.

들어갈 수 없는 물질, 모든 것의 어두운 토대로서의 물질이라는 관념이 무너졌다는 것입니다. 오히려 물질은 무한히 파고드는 탐구 앞에 열려 있습니다. 물질은 불변하는 화학원소가 아닙니다. 모든 원소는 근본적인 실체가 아니라 드러난 현상에 불과합니다. 물질의 본질은 규정할 수 없는 것으로 남아 있습니다.

3. 생명체 없는 사막인 우주 그리고 지구의 세계

우주와 물질은 세계에 관한 우리의 지식을 무한한 것들 속으로 이끕니다. 우주는 항상 멀어져가는 가장 큰 것이고, 물질은 계속해서 줄어드는 가장 작은 것입니다. 우리는 우주와 물질에 대한 지식은 가졌지만 아직 세계 자체를 가진 것은 아닙니다. 우주는 우리의 지구를 포함합니다. 지구는 우주의 공간 안에서 사라져버리는 물질의 티끌과 같습니다. 이런 티끌 위에서 우리는 살아갑니다. 여기에 우리의 세계, 즉 살아 있는 식물과 동물, 지형, 기후, 별이 빛나는 하늘이 있습니다. 여기서 우리 인간은 인간과 더불어 살아갑니다. 물론 우주는 이 모든 것이 아무것도 아닌 것처럼 보일 정도로 거대합니다. 하지만 우리는 우주가 물질의 거대한 운동에 불과하고, 생명체 없는 사막에 불과하다는 것을 알고 있습니다.

우리의 세계는 이렇게 장엄하며 비정합니다. 세계는 물론 물질에 매여 있지만 물질을 무한히 넘어서는 것이고, 물질로부터 생겨났다고 생각할 수 없습니다.

이런 세계에 대해서도 현대 과학은 근본적으로 새로운 지식을 획득했습니다. 가령 고대부터 만연한 생각에 따르면 세계라는 거대한 통일체 안에는 서열이 있었습니다. 그 서열은 무생물, 식물과 동물의 생명, 내면의 영혼, 의식, 생각의 순서로 되어 있었고, 앞선 단계는 그 뒤를 잇는 단계의 근거가 되었습니다. 이렇게 아름답게 통일된 전체는 근대에 이르러 시간의 흐름에 따라 각 단계가 진화한 것으로 파악되었고, 우주와 지구의 자연사라는 매혹적인 이미지가 생겨났습니다. 이 자연사의 정점에는 인간이 있었습니다. 이런 통일에 대한 생각은 오늘날에는 통용되는 지식이 아닙니다. 나중의 단계는 이전의 단계로부터 생겨날 수 없고, 오히려 단절된 단계들 사이는 불연속적입니다. 어떤 단계도 다른 단계를 통해 이해될 수 없고, 그 자체로도 이해되지 못합니다. 모든 단계를 하나로 연결시키는 것은 없습니다.

그러나 통일에 대한 막연한 관념들을 파괴해버린 연구는 그 통일을 다른 의미에서 되찾았습니다. 즉 모든 단계 사이의 관계에 대한 지식을 통해서 말이죠. 그 지식은 오늘날 놀라울 정도로 계속해서 진보하고 있습니다. 여기에서는 무생물이 생명과 맺는 관계에 대해서만 말씀드리겠습니다.

19세기에는 자연의 모든 생명체가 오직 생명[알]으로부터만 나온다는 것 — 옴네 비붐 엑스 오보omne vivum ex ovo — 이 사실로 증명되었습니다. 그전까지만 해도 자명한 것으로 여겨졌던 것, 즉 생물이 물질로부터 저절로 발생했다는 것과 무생물이 생명체로 이행했다는 것은 거짓으로 입증되었습니다. 그러나 동시에 새로운 다리가 놓이기 시작했습니다. 그때까지만 해도 생명으로부터만 나온다고 여겨졌던 유기물을 한 화학자가 실험실에서 무기물의 합성을 통해 제조한 것입니다. 1828년에 최초로 요소尿素[$(NH_2)_2CO$]가 제조되었습니다. 그 뒤로 현대 유기화학이 발전했습니다. 고도로 복잡한 단백질 분자에까지 이르는 헤아릴 수 없이 많은 유기물질의 세계가 발견되었습니다. 하지만 이 모든 물질에는 생명이 없습니다.

그럼에도 불구하고 많은 사람이 언젠가 물질로부터 생물과 생명 자체를 제조할 수 있으리라는 상상을 포기하려 하지 않습니다. 하지만 그런 제조는 불가능합니다. 생명체는 최고로 복잡한 물질일 뿐만 아니라 또한 살아 있는 육체이기도 합니다. 육체의 구조는 무한히 다양한 형태로 이루어져 있습니다. 아무리 복잡한 물리화학적 기계라 할지라도 육체에는 도저히 못 미칠 것입니다. 모든 제조 가능한 기계는 유한하기 때문입니다. 게다가 생명체는 살아 있는 육체일 뿐만 아니라 내부 세계와 외부 세계를 가지고 생존하며 부지런히 활동합니다. 육체의 장치인 감각기관은 목적을 가지고 기능하는 화학적 기계입니다. 이런 기관은 생명에 의해 만들어졌습니다. 하지만 그것이 생명 자체는 아닙니다. 과학자들은 예상치 못한 생물학적 구조를 발견하거나 제조해낼 것입니다. 하지만 그들은 결코 어떤 생명도 만들 수 없을 것입니다.

위대한 과학자들은 그들의 지식으로 인해 겸허해집니다. 아인슈타인은 우주와 원자에 대해 알아가면서 생명의 신비로움에서 눈을 떼지 못했습니다. 그는 1947년 병상에 누워 자신의 신체에 대해 생각하면서 이렇게 썼습니다. "이 믿기 어려울 만큼 복잡한 기계가 여전히 평소처럼 기능할 수 있다는 사실이 놀랍습니다." 그는 "우리의 과학 전체가 참으로 사소하고 미숙하구나"라고 느꼈습니다. 그리고 1952년에는 "계산을 할 때 종이 위에 날아와 앉은 아주 작은 벌레 한 마리를 보며 알라신은 위대하다고, 그리고 우리는 과학의 모든 영광을 누리면서도 가련한 바보라고 느꼈습니다."

그러나 이런 놀라운 기분은 해명되지 않았습니다. 아인슈타인도 모든 존재자가 수학적으로 질서 잡혀 있고, 모든 존재자의 궁극적인 근거까지 수학적으로 파악될 수 있다는 철학적 전제에 사로잡혀 있었습니다. 그 역시 생명은 원자에 내재되어 있다고, 즉 "전체의 신비로움은 이미 최하위 단계 안에 포함되어" 있다고 주장합니다. 하지만 왜 우리는 그 신비로움에 이르지 못할까요? 우리의 생각이 보다 깊은 곳에 이르면 수학이 따라주지 못하기 때문입니다. 왜냐하면 현재까지 달성된 수학의 수준으로는 "기초 방정식들에[7] 내포된 것을 꺼내서 계산하는 것이

7 야스퍼스가 "기초 방정식들Grundgleichungen"로 염두에 두고 있는 것은 아

불가능하기"때문입니다. 그러니까 아인슈타인이 볼 때 신비로움은 실제로 있는 것이 아니며, 오히려 수학이 그것을 꺼내서 계산하기에 아직 충분하지 않기 때문에 신비로운 것입니다.

그러나 우리는 칸트와 같이 이렇게 말해보겠습니다. '만일 무생물로부터 생명체가 나오는 것도 이해할 수 있게 해주는 생명의 통일이 있다면 그 통일은 도달할 수 없는 무한한 것에 내재되어 있을 것입니다.' 부분에 대한 새로운 지식은 놀라운 성과를 내고 있음에도 불구하고 전체의 신비로움을 더할 따름입니다.

4. 자연과학이 초래한 정신적 상황: 분열된 세계, 마법에서 풀려난 세계, 과학적 미신

과학적 연구는 그 자체로 철학인 것은 아니지만 철학을 위한 상황을 마련해줍니다. 과학과는 다른 근원에서 샘솟은 철학은 각각의 과학의 상황 속에 나타납니다. 철학은 그 상황을 이해하

인슈타인이 자신의 일반상대성이론을 기술하기 위해 사용한 열 개의 방정식인 것 같습니다. 이 방정식은 중력장 방정식 혹은 아인슈타인 방정식이라고 불리지, 기초 방정식이라고 불리지는 않는 것 같습니다. 그럼에도 야스퍼스가 "기초 방정식들"이란 표현을 사용한 이유는 아마도 방정식들이 소개된 논문의 제목이 「일반상대성이론의 기초Die Grundlage der allgemeinen Relativitätstheorie」(1916)이기 때문인 것 같습니다.

고 밀어붙입니다.

현재 우리의 상황에서 새로운 점은 철학의 고유한 근원을 선명하게 이해하는 것과 마찬가지로 순수한 과학적 연구가 가능하고 필요하다는 것입니다. 자연을 선명하게 이해하지 못한 결과를 한번 보도록 하겠습니다.

첫째, 이제까지는 존재자의 총체라는 세계상世界像이 자명한 것처럼 있었습니다. 오늘날 우리는 보편적으로 타당하다고 여겨진 세계상으로부터 자유롭습니다. 세계는 분열되어 있습니다.

사람들은 세계 자체가 물질이고, 물질 안에 이미 포함된 생명, 내면성, 의식, 생각이 물질로부터 나온다고 말했지만, 이는 이행이나 진화 같은 관념과 마찬가지로 단절을 은폐하는 무의미한 말이 되어버렸습니다. 사람들이 세계를 생명, 정신 혹은 생각을 통해 파악하려고 할 때도 마찬가지일 것입니다. 보편적인 관점으로는 세계 전체를 파악하지 못합니다. 그런 관점은 늘 전부가 아닌 개별적인 일부를 봅니다. 세계 전체에 대한 물음 앞에서 과학은 좌절합니다. 과학에 따르면 세계는 분열된 채 우리 앞에 있습니다. 과학이 순수하면 순수할수록 세계는 더욱더 깊이 분열될 것입니다.

그런데 낡은 세계상으로부터의 자유는 잘못된 과학을 과학적이라고 착각하는 세계상으로 우리를 이끕니다. 이 새로운 세계상은 이전의 어떤 세계상보다도 우리의 자유를 더 많이 억압합니다.

둘째, 세계는 마법에서 풀려났습니다.[8] 과학과 기술이 우리를 마법으로부터 자유롭게 해주었고, 자연 안에서 우리의 물질적 삶을 지극히 수월하게 유지할 수 있도록 해주었습니다. 오늘날 마법을 부리는 것은 실제로 터무니없는 일일 뿐만 아니라 인간이 자신의 지성을 배반하는 부정직한 행위이기도 합니다.

마법에서 풀려난 세계는 사람들이 기술을 사용하면서 가지게 된 소신 안에서 왜곡됩니다. 이런 왜곡은 다음과 같이 일어납니다. 전등을 켤 때, 라디오를 틀 때, 자동차를 탈 때 사람들은 거기서 무슨 일이 일어나는지 모릅니다. 기술의 사용법을 배운 사람들은 그저 그것들이 잘 작동한다는 것, 다시 말해서 과학에 근거해서 그렇게 작동할 수 있다는 것을 알고 있을 뿐입니다. 그런데 이제 사람들은 세상만사가 그러기를 기대합니다. 그리고 사람들은 모든 것은 아니지만 많은 것을 이해했다고, 그리고 결국에는 모든 것을 남김없이 이해할 수 있으리라고 생각합니다. 물론 과학은 가령 생명체나 인간을 아직 만들어낼 수

8 마법에서 풀려남Entzauberung은 독일 사회학자 막스 베버Max Weber(1864-1920)가 『직업으로서의 학문』(1919)에서 처음으로 사용한 개념입니다. 베버에 따르면 마법에서 풀려난 세계에서 "우리는 원하기만 한다면 언제라도 우리의 삶의 조건들에 대한 지식을 얻을 수 있다는 것, 따라서 우리의 삶에서 작용하는 어떤 힘들도 원래 신비스럽고 예측할 수 없는 힘들이 아니라는 것, 오히려 모든 사물은 ― 원칙적으로는 ― 계산을 통해 지배될 수 있다는 것을 알고 있거나 그렇게 믿고" 있습니다(막스 베버, 『직업으로서의 학문』, 전성우 옮김, 나남, 2017, 52쪽).

없습니다. 하지만 사람들은 과학이 그것을 할 수 있으리라고 믿습니다.

어떤 왜곡이 일어난 것일까요? 과학적으로 사고하지 못했던 시절에 낡은 마법이 있던 자리를 이제는 생각 없는 생각, 즉 마법 같은 생각이 차지한 것입니다. 강력한 과학과 기술적 능력의 영역 안에서 일어난 탈마법화는 훌륭한 일입니다. 하지만 마법에서 풀려난 결과 과학과 기술이 모든 존재자에 대해 절대적인 것으로 자리 잡았고, 일상의 충만한 현실은 파괴되고 있습니다. 우리의 운명에 영향을 준 지형과 장소의 분위기, 모든 것을 아우르는 한없는 자연에 대한 의식, 무한히 풍요로운 현상으로부터 우리가 경험하는 것은 결코 비현실적이지 않습니다. 그저 주관적인 감정도 아닙니다.

우리가 살아가는 현실은 암어문暗語文들로 이루어진 세계이고, 그 암어문들 간의 투쟁으로 가득 차 있습니다.[9] 현상들을 마법에서 풀려나게 한 과학은 그저 암어문들을 서로 대비시켜

---

9 "암어문"으로 번역한 독일어는 Chiffer입니다. Chiffer는 18세기에 프랑스로부터 들어온 독일어입니다. 현재는 Chiffre라고 표기됩니다. 독일어 사전에 따르면 Chiffre는 암어와 비밀 문자를 가리킵니다. 야스퍼스는 Chiffer로 초월자의 언어를 가리킵니다. 가령 고대의 신화가 대표적인 암어문입니다. 그 언어는 마치 어둠에 싸인 듯 그 의미가 명확하지 않습니다. 해명과 해독을 통해 그 의미를 밝힐 필요가 있습니다. 그래서 저는 Chiffer를 밝혀질 필요가 있는 어두운[暗] 말과 글[語文]이라는 의미의 "암어문"으로 번역합니다. 암어문은 이 책의 열 번째 강의의 주제입니다.

더 뚜렷하고 풍부하게 하며, 더 근원적으로 작용하게 할 뿐입니다. 그것들을 만들거나 없앨 수는 없습니다.

암어문들의 세계에서 일어난 투쟁의 사례를 하나 들어보겠습니다. "신"이란 암어문이 있습니다. 신이 세계를 창조했다고 말해봅시다. 한 암어문은 신이 수학자임을 뜻합니다. 신은 세계를 척도와 수에 따라서 창조했습니다. 그래서 우리는 생각을 통해 신을 따라 세계를 창조할 수 있습니다(아인슈타인이라면 이렇게 말했을 수 있습니다). 이에 맞서는 더 심오한 암어문은 신이 우리가 이해할 수 없는 신비로운 방식으로 세계 전체를 창조했고, 그 세계 안에 수학적인 측면을, 그리고 인간 안에 수학자다운 면모를 창조했음을 뜻합니다. 수학은 세계를 다 설명하지 못합니다. 오히려 수학적인 것은 자연의 근본적 존재와 인간의 인식 방식이 갖는 하나의 특징에 불과합니다([독일 신학자] 쿠자누스가 이렇게 생각했습니다).

사례를 하나 더 들어보겠습니다. 인간의 삶을 둘러쌌던 세계상들이 속한 영역은 과학의 영역은 아니지만, 암어문의 영역으로서 영원히 그 의의를 간직합니다. 위와 아래, 상승과 하강, 하늘과 땅, 빛나는 창공과 어두운 지하, 올림포스의 신과 저승의 신, 이 모든 것을 우리는 항상 다르게 봅니다. 오늘날에도 그렇습니다. 그러나 마법에서 잘못 풀려남으로써 인간의 영혼은 더 이상 볼 수 없게 되어버렸습니다.

셋째, 세계 안에서 나타나는 현상은 모두 인식할 수 있는 것입니다. 깊은 과학적 연구를 통해 드러나는 인식들은 놀라움으로부터 나왔으며 새로운 놀라움을 줄 것입니다. 진정한 앎은 무한히 전진하면서도 주어진 한계 안에서 가능한 것을 경험하는 데에 만족합니다.

인간의 실존이 불행해지기 시작하는 경우는 과학이 알려준 것을 근본적 존재 자체로 간주할 때, 그리고 과학으로 알 수 없는 것은 모두 존재하지 않는 것으로 간주할 때입니다. 과학은 과학적 맹신[과학에 대한 비과학적 맹신]이 되고, 이런 맹신은 사이비 과학의 옷을 입고 수많은 어리석은 주장을 늘어놓습니다. 그 주장들에는 과학도, 철학도, 신앙도 없습니다.

오늘날처럼 과학과 철학이 분명하게 구별된 적이 없었고, 그런 구별이 진리를 위해 이토록 절박하게 요구된 적도 없었습니다. 오늘날 과학적 맹신은 암담한 절정기를 맞았고, 철학은 사라지고 있는 것처럼 보입니다.

순수한 과학과 근원적인 철학에서 벗어난 속임수들은 근본적 존재에 대한 우리의 의식을 엉망으로 만듭니다. 그리하여 존재 의식은 스스로를 추상적으로 파악하며 체험하는 인간의 삶을 위한 공허한 기능이 되어버립니다. 우리의 존재 의식을 변질시키는 것에는 우주의 겉모습에 불과한 세계상, 마법에서 풀려난 황량한 삶의 근본적인 분위기, 어떤 것을 다루든 그것 자체를 보지 못하게 하는 과학적 맹신이 있습니다. 이런 속임수들은 철학으로 가는 길을 막습니다. 철학함의 과제는 이렇게 길을 막는 것들을 돌파하여 인간을 자기 자신에게 되돌려주는 일입니다.

5. 세계에 대한 앎의 특징

이번 강의를 요약해보겠습니다. 우리는 세계 안에 있지만 결코 세계 전체를 대상으로 보지는 못합니다.

우리에게 나타나는 모든 대상은 무한히 탐구할 수 있습니다.

우리가 알고 있는 세계는 통일되어 있지 않고, 오히려 찢어져 있습니다. 과학적 연구를 이끄는 통일에 대한 관념들은 세계의 특정 영역들에서만 유효합니다. 이제까지 세계 전체의 통일에 대한 관념들 가운데 과학적으로 의미 있는 것은 하나도 없었습니다.

세계는 그것 자체를 통해서 파악되지 않습니다. 즉 물질이나 생명 혹은 정신을 통해서 파악되지 않습니다. 알 수 없는 현실이 알 수 있는 것을 앞서가고, 앎은 이 현실에 미치지 못합니다. 우리가 알고 있는 세계에는 토대가 없습니다.

이 모든 특징은 과학의 한계이지 우리의 실존에서 샘솟은 철학적 생각의 한계는 아닙니다. 예컨대 모든 것을 아우르는 대자연은 모든 것이 하나가 된 자족과 통일의 상태인데, 이는 세계[대자연] 앞에서 경건해질 때 경험할 수 있지 세계를 알려고 해서 알게 되는 것이 아닙니다. 그런데 이렇게 경건해진[세계에 순응한] 사람은 모든 것을 아우르면서 보고, 현실 세계의 모든 부분 각각을 암어문을 통해 봅니다. 이런 암어문은 과학적 연구에서는 아무것도 아닙니다. 즉 연구로 입증하거나 반증할 수 있는 것이 아닙니다.

두 번째 강의: 역사와 현재

1. 오늘날 역사의 상태

우주에 대한 지식처럼 역사에 대한 지식도 오늘날 많이 늘어났습니다. 발굴 작업은 파묻혀 있던 세계들을 우리 앞에 되살아나게 했습니다. 이제껏 알려지지 않았던 언어와 문자가 우리에게 말을 건네게 되었습니다. 동굴벽화, 조각, 도구를 통해서 문자가 없던 시대를 들여다볼 수 있게 되었습니다. 마침내 10만 년이나 된 해골이 발견되었고, 인간이란 생명체가 존재해온 기간이 증명되었습니다. 그 기간에 비하면 우리가 아는 역사는 지극히 짧습니다.

우리가 알게 된 역사의 전모는 이렇습니다. 수만 년 또는 그보다 훨씬 더 오랫동안 문자가 없는 선사시대가 지속하였습니다. 약 6000년 전부터 역사가 기록되었습니다. 메소포타미아,

이집트, 인도, 중국에서 수준 높은 문화가 최초로 생겨났습니다. 대서양부터 태평양에 이르기까지 그 문화권들은 대체로 둥근 지구에 횡으로 가늘고 길게 분포해 있었고, 사막을 사이에 두고 서로 떨어져 있었습니다. 기원전 800년부터 200년에 이르기까지 (메소포타미아와 이집트를 제외한) 중국, 인도, 이란, 팔레스타인, 그리스에서 우리의 의식의 기초가 된 정신적 사건들이 처음으로, 그리고 서로 거의 무관하게 일어났습니다. 우리는 오늘날까지도 그 당시와 같은 의식을 지니고 살고 있습니다. 그 당시에는 종교와 철학의 근본 물음들이 물어지고 답해졌습니다. 그 답들은 여전히 우리에게 기준이 되고 있습니다. 우리는 세계사라는 수레를 굴리기 시작한 이 시기를 굴대 시대라고 부릅니다.[1] 굴대 시대부터 중국과 인도 그리고 유럽은 나란히 발달해왔습니다. 기원후 1400년경까지도 이 거대한 세 문화권의 생활 형태, 기술 수단, 노동 방식은 서로 비슷했습니다. 그 뒤에

---

1 "굴대 시대"로 번역한 독일어는 Achsenzeit입니다. "굴대"는 "굴다"라는 동사와 관련이 있고, "굴다"는 "구르다"의 준말입니다. "굴대"는 "구르는 막대기"를 가리킵니다. "굴대"로 번역한 독일어 Achse도 "바퀴 회전의 중심이 되는 축"을 가리킵니다. 그래서 기존에는 Achsenzeit를 "축軸의 시대", "기축基軸 시대", "차축車軸 시대"라고 번역한 것 같습니다. 굴대는 회전운동을 가능하게 하는 근원과 같습니다. 역사의 전개를 인류가 수레를 타고 미래를 향해 나아가는 것에 비유한다면, 그 수레의 바퀴를 구르게 하는 굴대들이 있을 것입니다. 야스퍼스에 따르면 그 굴대는 기원전 800년부터 200년 사이에 중국, 인도, 이란, 팔레스타인, 그리스에서 일어난 문명이고, 오늘날까지도 인류의 수레를 움직이고 있습니다.

는 우리에게서만, 즉 오직 유럽에 살던 우리에 의해서만 기술 시대가 처음으로 시작되었습니다. 기술 시대의 특징은 세 가지입니다. 모든 것의 철저하고 효율적인 조직화, 이렇게 조직화되지 않은 앎의 방식은 거부하는 순수한 경험과학, 계획적으로 발명하고 끊임없이 진보하는 기술입니다. 이전에는 전혀 경험하지 못한 역사적 변혁이 자연에 대한 지배를 강화하고 상품생산을 증대시켰습니다. 또 항해 및 항공 그리고 라디오를 통해서 지구 전체가 교통과 통신으로 연결되었습니다. 유럽인은 발견자가 되었고, 다른 사람은 모두 발견된 인간이 되었습니다. 이렇게 해서 기술 시대는 인류를 장악했고, 갓 시작된 세계사의 기초를 마련했습니다.

우리는 놀랍니다. 왜냐하면 지구상에 생명체가 퍼진 긴 시간과 인간이 생존한 짧은 시간에 비하면 6000년의 세계사는 60초와 같고, 인류의 역사가 기술 시대에 의해 통일되기 시작한 것은 마지막 몇 초에 해당하기 때문입니다.

오늘날처럼 세계사적 상황을 의식해야만 했던 적은 아마 없었을 것입니다. 이런 상황은 어디에서 왔을까요? 어디를 향해 가고 있을까요? 왜 그럴까요? 오늘날 우리의 이 순간은 모든 것의 종말일까요, 또는 전혀 새로운 조건 아래에서의 시작일까요?

2. 우주적 지평에서 일어난 기적과도 같은 역사

우주의 관점에서 보면 우리 역사는 하나의 기적입니다. 수십억의 은하 가운데 한 은하의 한구석에 있는 우리 행성에서 아주 잠깐 일어났고 지금도 일어나고 있는 일이 다른 곳에서도 일어났을까요, 또는 우리는 유일한 이성적 존재인 걸까요?

우주 안에 다른 이성적 존재가 실재한다는 징후는 조금도 없습니다. 그런 존재에 대한 추측은 아무리 자명할지라도 의심의 여지가 충분합니다. 첫째, 생명에 꼭 필요한 지구의 물리화학적 조건은 있을 수 있는 물질 상태들이 놀랍도록 복잡하고 극히 드물게 조합된 것입니다. 이 조건에 맞지 않는 곳에서는 생명이 즉시 멎을 것입니다. 이런 물리적 조건이 나타날 확률을 계산하는 것이 가능한지 저는 모르겠습니다. 어쩌면 생명은 단 한 번만 일어난 사건인 것은 아닐까요? 둘째, 설령 생명체가 여러 번 생겨났다고 할지라도 그 생명체로부터 이성적 존재도 항상 생겨났을까요? 5억 년 동안이나 지구상에는 생명체가 있었고, (겨우 50만 또는 100만 년 전부터) 인간이나 유인원이 출현했습니다. 이성적 존재인 우리 인간은 혹시 단 한 번만 우주에 나타난 것은 아닐까요? 우리는 그것에 대해 알지 못합니다.

이런 물음은 사실에 대한 물음입니다. 그 사실을 아는 것이 불가능하지는 않겠지만 경험을 통해서만 그 물음에 답할 수 있습니다. 우리의 경험에 근거하지 않은 단순한 견해는 일관성이 없습니다. 이제껏 우리에게는 그 경험의 기회가 주어지지 않았습니다. 우주 곳곳에 흩어져 있는 이성적 존재들과 그들 사이에서 이루어지는 소통에 대해 상상하는 것은 나름대로 멋진 일이지만 공상에 불과합니다.

우주는 생명 없는 물질이 변화하고 운동하고 폭발하고 형성되는 곳이고, 그곳에서 우리는 고독합니다. 우주는 우리를 필요로 하지 않습니다. 우주는 티끌 같은 지구와 거기에 사는 우리가 사라져버릴 때도 지금의 어마어마한 모습 그대로 변함없이 있을 것입니다. 또한 우주는 우리를 위해 있는 것도 아닙니다. 플라톤이나 쿠자누스 혹은 칸트가 가르쳐준 것처럼 우주를 그 자체로 있는 것으로 봐야지 우리와 관련해서 창조된 것으로 봐서는 안 됩니다. 우주는 우리가 지배하는 영역이 아니라 아마 우리에게 경외심을 불러일으키는 대상일 것입니다.

그러나 우리는 우주의 물질적 표면만 알고 있습니다. 우리는 우주에 대해 놀라기도 하고 무관심하기도 합니다. 거대한 우주와 미미한 지구의 세계 사이의 관계를 반대로 볼 수도 있습니다. 우리 인간의 세계는 모든 것을 아우르는 것이고, 우리 역사의 내용 때문에 위대한 것입니다. 그 역사 속에서 우주에 대한 앎은 변화하며 우리 정신의 구성 요소로 나타납니다.[2]

2 가령 고대 그리스인에게 우주κόσμος는 아름다운 질서를 가진 것이었고, 그 질서를 파악할 수 있는 인간의 이성λόγος은 합리적인 것이었습니다.

3. 역사는 자연에서 일어난 사건들의 연속이 아닙니다

우리의 역사는 자연사가 아닙니다. 즉 우주와 지구가 시간 안에서 연속적으로 생성한 것, 지구상에서 생명체가 연속적으로 진화한 것으로 이해되지 않습니다. 우리의 역사는 근본적으로 다른 것입니다. 의식을 가진 존재와 무관하게 자연사는 오랜 시간에 걸쳐 같은 것이 반복되는 방식으로 수백만 년, 수십억 년 동안 일어나고 있습니다. 자연사에 비해 우리의 역사는 지극히 짧습니다. 우리의 생물학적 기초가 변함없음에도 불구하고 우리의 역사에서 각 세대는 서로 다른 모습을 보였습니다. 우리의 역사는 행동들과 전통들 그리고 의식적인 기억들과 관련을 맺고 있습니다. 우주와 자연 안에서 우리는 우리에게 낯설고도 무관심한 것의 곁에 있습니다. 역사 안에서 우리는 자기 자신 곁에 있습니다. 마치 우리 조상들이 우리를 부르고 우리가 그들에게 응답하는 것과 같습니다. 인간의 변함없는 본성의 토대 위에서 우리는 결코 동일하게 반복되지 않는 역사적 현상을 일으킵니다.

중세 그리스도교인은 우주를 신의 피조물로 보았고, 그 우주를 이해할 수 있는 인간을 신의 형상imago dei으로 이해했습니다. 이처럼 우주에 대한 이해는 인간의 정신에 대한 이해와 상응하는 것으로 볼 수 있는 것 같습니다.

4. 역사학과 그 한계: 현실적인 역사와 성스러운 역사, 알 수 없는 전체

역사란 우리 선조들이 행하고 만든 것을 뜻합니다. 그들이 우리를 데려온 곳에서 우리는 멈추지 않고 계속 갑니다. 태곳적부터 인간은 신화나 전설을 통해 자신의 역사를 알았고, 문자가 발명된 뒤에는 자신의 경험과 행동을 기록하여 기억했습니다. 반면 역사학의 역할은 다릅니다. 그것을 통해 우리는 실제로 일어난 일을 알고자 합니다. 그래서 우리는 현재까지 남아 있는 사실, 즉 소위 사료, 기록, 증언, 건축물과 기술적 성과물, 시와 예술적 창작물에 의존합니다. 이렇게 남아 있는 사실은 그것에 담긴 의미를 이해함으로써 파악할 수 있습니다. 과학[역사학]은 우리가 실제 전통을 올바로 이해할 수 있고 증인들의 진술이 올바른지 검증할 수 있는 범위까지 다룹니다.

과학의 순수한[합리적인] 내용은 신화의 내용이나 성스러운 역사의 내용과 구분됩니다. 성스러운 역사의 증언은 사실의 증언이 아니라 "우리는 …라고 믿었습니다"라는 의미의 증언입니다. 신앙인들이 우리에게 증언하는 것을 신앙이 없는 우리는 사실처럼 증언할 수 없을 것입니다. 우리가 그 당시 거기에 있었더라도 말이죠.

모든 과학이 그렇듯이 역사학에도 한계가 있습니다. 우리의 지식이 과거로 그리고 이전에는 알려지지 않은 영역으로 엄청나게 확장되었기 때문에 한계를 넘어서리라는 기대, 즉 우리가 역사의 시작에까지 이르리라는 기대가 생겨났습니다. 하지만 과학은 신비로움 앞에서 겸허하라고 가르쳐줍니다. 물론 아직 알려지지 않은 시기는 무한히 많습니다. 그 시기는 아직 아무도 답사한 적이 없고 미미한 징후를 통해서만 알려져오고 있습니다. 하지만 모든 시작에서 우리는 알 수 없는 근원을 감싸고 있는 어둠 앞에 서 있습니다. 역사 속에서 새로운 것이 시작할 때도 그렇습니다.

우리가 역사의 총체를 의미 있는 전체로 인식하지 못하는 것도 역사학의 한계입니다. 경험적 역사학은 곳곳에서 우연의 결과처럼 보이는 사건과 마주합니다. 이런 우연성이 역사학의 탐구 대상의 근본이 되는 사실입니다.

5. 현재의 상황과 물음들

오늘날 우리의 역사적 상황으로 돌아와봅시다. 정치적, 사회적, 과학적, 기술적, 정신적 측면에서 너무나 근본적인 변화가 일어났습니다. 그래서 [독일 사회학자] 알프레드 베버는 기존의 역사가 끝났다고 말했을 정도입니다.

과연 앞으로 다가올 일도 예전의 의미에서의 역사로 볼 수 있을까요? 정신의 창조력은 계속 나아갈까요, 또는 기술과 관련해서만 그럴까요? 신앙은 인생에 의미를 부여할까요, 또는 다양한 미신이 인생을 흐리게 만들까요? 우리가 자신을 더 이상 전혀 알아보지 못하게 될, 그런 인류의 존재 양식이 나타날까요? 서양, 중국, 인도의 정신적 창조물을 더 이상 이해하지 못하게 되는 날이 올까요? 원자폭탄에 의한 자멸로 종말을 맞을까요?

또는 그와 반대로 인간에게 절호의 기회가 이제야 주어진 것일까요? 우리는 세계 평화를 향해 나아가고 있나요? 세계 평화는 독립국들이 조약을 통해 서로 연대함으로써 자유롭게 실현될까요, 또는 지구를 지배하는 힘의 위협을 받아 수립될까요? 기존 역사에서처럼 의외의 일, 창조적인 일, 기적적인 일이 우리를 수천 년 역사를 간직한 새로운 인류가 되도록 이끌어줄까요? 새로운 신앙이 새로운 인류를 지탱하게 될까요? 이런 물음들 가운데 어떤 것에도 대답할 수 없습니다.

6. 자멸 과정에 대한 의식

하나만 논해보겠습니다. 오늘날 유행하고 있는 자멸 의식에 대해서 말이죠. 모든 것이 무서울 정도로 분명하게 인간의 몰락을 예언하고 있는 것처럼 보입니다.

삶은 생산과 소비의 과정으로 변화하고 있고, 제품들은 점점 더 빨리 대체되고 있습니다. 집, 옷, 가구, 자산을 비롯한 모든 것이 지속성을 잃어버리고 있습니다. 사람들은 일시적 순간을 위해 살 수밖에 없습니다. 절약은 어리석은 짓으로 보입니다. 서서히 진행되는 인플레이션의 억제를 위해 소용이 없을지도 모르는 대책이 마련될 때 경제학자라면 다음과 같이 외칠 법도 합니다. "대체 무슨 일입니까? 연금 생활자를 제외하면 사람들이 지금처럼 잘 지낸 적이 없습니다. 이런 상태를 망치는 대책은 현명한 처사로 보이지 않습니다."

정치적으로 자유로운 세계에서는 인간의 실제 행동이 정치적 자유를 없애는 방향으로 나아가고 있습니다. 그러나 그 세계에서는 자유가 우리의 값비싼 재산이라는, 이렇게 찬란한 적이 없었다는, 우리는 자기가 원하는 대로 살 수 있다는 견해들이 통용되고 있습니다.

이렇게 공공연한 속임수는 은폐되고 있지만 아무 영향도 끼치지 않는 것은 아닙니다. 물질적 세계의 지속성이 해체되면 인간의 환경도 사라질 것이고, 심지어 인류 자체도 타격을 입을 것입니다. 결혼 생활, 우정, 직업에서 충실성은 의심스러운 것이 됩니다. 곳곳에서 지속은 멈추고, 어떤 것도 신뢰하지 못하게 됩니다.

전승된 역사적 유물은 지구를 뒤덮은 기술적인 생활양식에 의해 소진되고 있습니다. 환경은 오그라들어 기계가 됩니다. 기술 시대는 이전 시대의 것이 더 이상 존속할 수 없는 조건들을 만들어내고 있습니다.

근원적으로 충만한 신앙은 효과적인 언어를 아직 거의 발견하지 못하고 있습니다. 영혼은 공허해지고, 세계는 황량해지거나 유흥을 위한 따분한 무대가 됩니다.

우리는 [니체로부터] "신은 죽었다"는 말을 듣습니다. 그러나 교회는 번창하고 있습니다. 교회는 자신감이 넘칩니다. 교회 덕분에 안심하며 살아가는 사람들은 위풍당당하게 체면을 차리면서 만족하고 있지만, 그들의 체면은 녹이 슬어버린 장엄한 무대장치일지도 모릅니다.

사람들은 서로의 신경을 건드리고 있습니다. 심층심리학은 굉장히 모호한 피난처가 됩니다. 과학적 맹신은 사이비 과학으로부터 구원의 손길을 기대합니다.[3] 모든 공상 및 이데올로기가 해소된 뒤에만 기존의 병들고 스스로를 소외시킨 인간이 건강해질 것이라고 사람들은 생각합니다. 그리고 건강이야말로 최고의 행복과 목표라고 생각합니다.[4]

---

3 야스퍼스가 사이비 과학으로 염두에 두는 것은 맑스주의와 정신분석학입니다. 이 책의 여덟 번째 강의에서 두 학문과 관련된 문제점을 볼 수 있습니다.

4 니체는 『차라투스트라는 이렇게 말했다』의 서설에서 건강을 중시하는 종말의 인간의 태도를 다음과 같이 비판합니다. "사람들은 영리해져서 세상에 일어나는 모든 일을 알고 있다. 그래서 그들의 조소는 끝이 없다. 사람들은 여전히 다투면서도 곧 화해한다 — 그렇지 않으면 복통이 일어나기 때문이다. 사람들에게는 낮을 위한 작은 쾌락과 밤을 위한 작은 쾌락이 따로 있지만, 그들은 자신의 건강을 중히 여긴다. '우리는 행복을 발명해냈다' — 종말의 인간은 이렇게 말하고는 눈을 깜박거린다."(프리드리히 니체, 『차라투스트라는 이렇게 말했다』, 두행숙 옮김, 부북스, 2016, 27쪽)

파멸의 모든 과정이 걷잡을 수 없는 것처럼 보입니다. 우리는 이런 과정에 오늘날 정신적으로 풍요로운 삶에서 확실한 것[과학, 기술, 문학, 예술]을 가지고 맞섭니다. 그 확실한 것도 사실 애매합니다. 과학은 굉장한 발견을 하고 있습니다. 그렇지만 과학은 스스로 발견해낸 것의 무더기 안에서 전문화될 뿐만 아니라 그 전문화 과정에서 자신이 더 이상 제어할 수 없는 무한한 것에 의해 압도됩니다. 여전히 기술은 계속해서 기대를 뛰어넘고 있습니다. 그렇지만 바로 그렇기 때문에 기술은 인간을 멸망의 손아귀에 넘겨주고 있습니다. 문학은 감동적인 이미지로 말합니다. 그렇지만 문학에서 가장 인상적인 것은 절망, 반항, 허무에 관한 것입니다. 예술의 능력은 다양해지고 있고, 예술은 그 기교가 완성되는 방식으로 정교해지고 있습니다. 그렇지만 예술은 인간의 얼굴을 지워버릴 때 가장 강력합니다.

이것은 삶의 종말이 아닐까요? 우리 시대의 생산성은 우주에서 유일무이한 인류가 마지막으로 불타오르면서 만들어낸 것이 아닐까요? 오늘날 전례가 없을 정도로 전력을 다하며 살 수 있는 것은 미래를 고려하지 않기 때문이 아닐까요? 이렇게 스스로에게 미래가 없다는 것을 알고 있는 삶은 굳게 닫힌 문 앞에 서 있습니다.

몰락에 대한 의식은 현대판 몰락 신화를 낳았습니다. 가령 역사는 시작부터 그 종말을 포함하고 있었다고 합니다. 그 역사의 창조력은 처음부터 함께 있었던 자멸의 과정에서 잠시 반짝인

섬광이었던 것입니다. 왜 지금 자멸하는 걸까요? [독일 철학자] 클라게스는 1890년대에 지구의 본질이 행성을 떠났다고 말했습니다. [영국 소설가] 웰스는 모든 물질, 생명 과정, 인식 과정은 그 본성상 동시에 사라지게 된다고 말했습니다.

분위기, 견해, 생각에 대해서는 충분히 말했습니다. 그것들이 틀림없는 지식으로 간주되면 확실히 틀린 것입니다. 반대의 사례도 있습니다. 하지만 그 반례도 더 행복한 미래가 온다는 것을 증명할 수는 없습니다.

현재를 비방하지 않도록 조심합시다. 오늘날 개인들은 모든 거짓된 위안을 물리치고, 최악의 사태에 직면해도 진실성을 저버리지 않고, 무지無知의 신앙에 근거해서 소박하게 나날의 일과를 마치며 의기양양하게 죽어갑니다. 얼마나 자유롭고 멋진 소박한 품격입니까! 사람다운 사람은 얼마나 멋지게 빛나고 있습니까!

역사에 인류의 자멸 과정이 처음부터 내재해 있다고 보는 사람들은 다음의 사실을, 즉 인간의 사랑, 진지함, 위대함, 인간이 창조한 작품의 찬란함이 상징적으로 증언해주는 것이 모든 몰락 과정보다 우월하다는 사실을 잊어버렸습니다.

7. 역사와 책임감

대체로 미래의 역사의 향방은 알 수가 없습니다. 혹시 이미 자유의 작은 징후에서 미래에 있을 최고의 가능성을 느낄 수 있는 것은 아닐까요? 이미 인간은 계속해서 선택의 갈림길에 서 있던 것은 아닐까요?

절망 속에서도 재앙을 극복할 새로운 인류를 예감할 수 있는 것은 아닐까요?

철학을 하는 우리는 재앙의 예언에 결코 복종할 수 없습니다. 미래를 알 수 없으므로 저는 희망을 품어도 됩니다. 저는 생각과 실생활에서 재앙에 맞설 확실한 근원의 징후를 나타내기 위해서 제가 할 수 있는 일을 제 몫만큼 할 것입니다.

저의 희망의 의미는 이렇습니다. 역사와 현재를 관찰하는 것은 우리의 지식욕을 충족시키고, 인간의 장단점과 찬란한 업적에 대한 우리의 견해를 뒷받침합니다. 그뿐만이 아닙니다. 그런 관찰의 핵심은 우리가 책임감을 느끼게 하는 데에 있습니다.

진실성은 있었던 일을 알 것을 요구합니다. 그러나 역사는 우리의 판단의 대상이기도 합니다. 우리는 누구를 따를지 무엇을 거부할지 스스로 결정해야 합니다. 우리가 우리의 조상으로 인정한 이들의 드높은 요구가 우리를 인도해주어야 합니다.

우리는 선조의 잘못을 떠맡아야 합니다. 왜냐하면 우리에게는 그 잘못에 대한 책임이 있기 때문입니다. 우리는 우리의 기원으로부터 벗어날 수 없습니다. 우리의 자유는 역사를 통해 주어진 것을 바탕으로 미래를 함께 결정하는 데에만 있습니다.

우리는 역사의 거울 속에서 비좁은 현재를 넘어서는 기준을 봅니다. 우리에게 역사가 없다면 우리의 정신은 숨 쉴 공기를 잃어버릴 것입니다. 우리가 스스로의 역사를 은폐하면 역사는 우리도 모르는 방식으로 우리를 엄습할 것입니다. 그러면 과거의 어리석은 망령이 우리를 이끌게 될 것입니다.

어떤 과제를 우리의 것으로 인정할지 결정할 책임은 우리에게 있습니다. 오늘날 우리는 스스로의 운명이 인류의 운명에 포함된 것을 봅니다. 우리의 과제는 모든 사람을 통합시키는 것을 찾아내는 일입니다.

그러나 모든 사람을 통합시키는 삶의 내용, 신앙, 삶의 형태가 유일한 의미만 가지기를 기대하거나 바라서는 안 됩니다. 그런 의미는 시간 안에서 영원한 것이 드러나지 못하게 막을 것입니다. 모든 사람을 통합시키는 공통적인 것은 삶의 문제들에 대해 끊임없이 타협하는 평화로운 정치 공동체일 수밖에 없습니다. 이런 공동체를 형성하기 위해서는 한마음으로 평화를 원해야 합니다. 다시 말해서 평화의 지속을 위해 불가피한 조건을 한마음으로 받아들여야 합니다.

철학은 미래가 열려 있다는 것을 의식하게 해야 하고, 아무리 그 형태가 찬란하더라도 인간이 만든 것에는 모두 한계가 있다는 것을 의식하게 해야 합니다. 그렇게 함으로써 철학은 모든 새로운 구체적 상황에서 책임감을 키워줄 것입니다.

8. 역사의 극복

하지만 근원과 목표는 어둠에 싸여 있습니다. 우리를 압도하는 역사는 우리를 불안정하게 만들 것입니다. 우리는 스스로가 역사 안에서 살아갈 출발점이 되는 장소를 역사 바깥에서 구하고 싶어 합니다.

우선 모든 사람은 저마다 자기 자신으로, 즉 운명 공동체의 환경 안에서 동반자들과 함께 실존하는 자기 자신으로 되돌아오게 하는 충격을 받습니다. 물론 그들은 전적으로 서로 의존하면서 살아가지만, 허용된 공간에서는 각자가 독립적입니다.

결국 우리가 자기 자신으로 돌아오고 만물의 근거를 응시하는 만큼 우리는 역사 속에 갇혀 있지 않게 될 것입니다. 역사는 우리가 우리 자신의 행위와 경험을 통해서 본래적인 곳에 이르기 위해 꼭 필요한 자리에 불과합니다.

그러나 역사에서 벗어난다면 우리는 아무것도 없는 곳에 떨어져버릴 것입니다. 역사 속에서 살아가지 않는다면 우리는 본래적인 곳에 이를 실마리를 찾지 못할 것입니다. 역사가 없다면 우리는 우리가 유래한 근거와 우리를 지탱하는 근거에 대해서 간접적으로 들려주는 언어를 갖지 못할 것입니다.

우리는 역사를 넘어갈 수는 없지만, 역사를 돌파한다고 비유적으로 말할 수 있습니다. 그렇게 돌파하고 나면 역사 전체가 다른 곳[관점]으로부터 조명될 것입니다. 그것은 마치 영원의

현재가 시간의 현상 안에서 경험되는 것과 같습니다. 영원이 시간에 수직으로 경험되는 것입니다.[5]

5 역사와 시간에 대한 일반적인 이미지는 과거로부터 현재를 지나 미래로 나아가는 무한한 수평선입니다. 사람은 그 무한대 위에서 유한한 구간만을 살다 갑니다. 그런데 살다 보면 어느 순간 유한한 구간을 넘어 무한한 영원을 느낄 때가 있습니다. 그때 우리가 경험하는 것은 시간의 수평선의 무한이 아니라 수평의 방향으로 흐르는 시간을 수직으로 관통하는 영원의 순간입니다. 그 순간 우리는 역사 전체를 새로운 관점에서 보게 됩니다.

세 번째 강의: 근본에 대한 앎

1. 지난 강의를 되돌아보며 제기하는 새로운 물음

우주와 역사에 있어서 우리는 지식의 경계를 지속해서 넓히고 있습니다. 끝없이 계속되는 우주와 역사의 현실 속에서 마치 우리는 넋을 잃을 것 같습니다. 우주와 역사 앞에서 우리의 삶이 덧없고 미미하다는 것을 우리는 깨닫습니다.

그런데 우주는 어떨까요? 우주는 침묵하고 있습니다. 우주는 스스로에 대해 알고 있을까요? 말 없는 우주 안에서 우리는 우주가 스스로에 대해 알고 있음을 나타내는 징후를 조금도 발견하지 못합니다. 그러나 우리는 우주에 대해 알고 있습니다. 우리는 가장 거대한 것인 우주에 대해 알고 있고 그것을 탐구할 수도 있는 독특한 존재입니다. 우리 인간존재의 허무함에 대한 깨달음이 정반대의 것으로 변화합니다.

만일 우리가 우주에 대해 아무것도 모른다면 우주는 존재하지 않게 되는 것일까요? 이는 터무니없는 물음입니다. 하지만 우리는 다음과 같이 물어봅니다. 스스로에 대해 아무것도 알지 못하고 아무에게도 알려지지 않은 존재는 도대체 어떤 존재일까요? 그 존재는 언젠가 알려질 수 있게 되는 것에 불과할까요? 우주의 존재는 그것을 경험할 수 있는 인간과 같은 존재 앞에 드러나게 되기를 기다리고 있는 것은 아닐까요? 우주 안에서 아무것도 아닌 우리가 본래적 존재인 것은 아닐까요? 다시 말해서 세계가 비칠 수 있는 눈이 아닐까요?

또 우리의 역사는 어떻습니까? 역사 앞에서도 우리는 각자가 왜소하다는 것을 스스로 깨닫지만, 이 깨달음의 의미는 다릅니다. 우리는 인간이 무엇이었고, 무엇을 행했고, 무엇을 만들었는지를 이해하고 있습니다. 이런 것을 더 많이, 더 잘 이해하면 할수록 그만큼 우리가 더 뚜렷하게 마주 보게 되는 것은 우리를 짓누르지 않는 무한성입니다. 그 무한성은 우리를 받아들여 줍니다. 우리의 이해력은 가장 거대한 것 가까이로 우리를 데려갑니다. 우리는 그것을 결코 만족시키지 못합니다. 하지만 우리는 우리의 왜소함에도 불구하고 그 거대한 것에 관여하고, 그것으로부터 답을 구합니다.

그러면 우리는 무엇일까요? 세계 안에서 보고, 알고, 이해하는 눈과 같은 우리는 무엇일까요? 이성적 존재인 우리는 존재하는 것[존재자]이 드러날 수 있는 자리입니다. 우리가 아는 유일한 자리이기도 합니다. 우리가 대상에 대해 생각할 때, 우리가 이해할 때, 우리가 행위하고 창조할 때, 즉 우리의 모든 경험에서 존재자가 드러납니다.

게다가 우리는 의식일 뿐만 아니라 자기의식이기도 합니다. 존재자만 드러나는 것이 아니라 이 드러남 자체도 스스로 드러납니다.

우리는 지성을 통해 대상을 인식하는 단계로부터 자기의식의 단계로 비약합니다. 두 번째 단계에서 우리가 의식하는 것은 대상이 아니라 우리의 수행과 경험입니다.

상식적으로 본다면 우리가 비약을 통해 도달한 토대는 아무 것도 아닌 곳과 같습니다. 철학적 물음의 관점에서 본다면 그 토대는 근본적 존재에 대한 새로운 의식의 기초가 될 수 있습니다. 우리는 이런 의식을 근본에 대한 앎이라고 부릅니다.

근본에 대한 앎을 설명하는 일은 마치 스스로의 그림자를 뛰어넘거나 물구나무를 서서 걸어가는 일과 같습니다. 그 일을 해보도록 합시다!

2. 출발점: 주관-객관-분열

우리는 생각할 때면 언제나 자아自我로서 대상을, 즉 주관으로서 객관을 향합니다.

이런 관계는 세계에 하나뿐입니다. 자아는 대상을 가리킵니다. 우리가 더 명확하게 생각하면 생각할수록 우리가 가리키는 대상을 향해 있다는 것은 그만큼 더 분명해집니다. 이는 우리가 깨어 있다는 것입니다.

이런 깨어 있음은 모든 순간에 우리에게 자명한 사실이지만 우리는 이에 대해 깊이 생각해본 적이 거의 없습니다. 깊이 생각해본다면 이 사실은 점점 더 놀라워질 뿐입니다.

우리는 어떤 방식으로 대상에 이를까요? 대상을 가리키고, 그러면서 대상과 관계를 맺는 방식으로, 즉 쥘 수 있는 대상을 사용하고 생각할 수 있는 대상을 생각하는 방식으로 우리는 대상에 이릅니다.

대상은 어떻게 우리에게 이를까요? 대상이 우리의 육체에 닿음으로써, 대상이 스스로를 우리에게 내어주는 대로 우리가 그것을 파악함으로써, 우리가 대상을 우리를 설득하는 사상으로 만듦으로써 대상은 우리에게 이릅니다.

대상은 그 자체로 있을까요? 우리가 가리키는 대상은 존재하는 것이고, 우리는 그것을 향해 갑니다. 우리는 그런 대상을 어떤 것, 사물, 사태, 객관이라고 부릅니다. 대상은 객관적이라고는 해도 우리에게 스스로를 보이고 있는 것입니다. 우리가 있기 때문에 대상은 그렇게 그대로 있는 것입니다.

혹시 우리는 객체를 기다리며 바라보는 주체 그 자체로 있는 것일까요? 그래서 주체에게 객체가 나타나거나 주체가 객체와 마주치는 것일까요? 하지만 우리가 찾기도 전에 대상은 항상 미리 우리를 대하고 있어야 합니다. 왜냐하면 우리는 대상을 향해 있을 때 비로소 우리 자신도 의식하게 되기 때문입니다. 어떤 자아도 대상 없이는 있을 수 없고, 어떤 대상도 자아 없이는 있을 수 없습니다. 달리 말하자면 주체 없이는 객체도 없고, 객체 없이는 주체도 없습니다.

그런데 주체와 객체가 서로 없이는 있을 수 없다면 그것들은 어떤 방식으로 서로에게 속하는 것일까요? 그것들이 서로 분리될 수 없다면 그것들을 하나로 연결하는 것은 무엇일까요? 하지만 그 연결하는 것 안에서 주체와 객체는 분리되어 있고, 주체는 자신이 가리키는 객체를 향해 있습니다.

우리는 그 연결하는 것을 아우름이라고 부릅니다.[1] 아우름은 주체와 객체로 이루어진 전체이고, 그것 자체는 주체도 객체도 아닙니다.

주관-객관-분열[주체와 객체 간의 분열]은 우리 의식의 근본 구조입니다. 이 구조 안에서 비로소 뚜렷해지는 것은 아우름의 무한한 내용입니다. 모든 존재자는 주관-객관-분열을 아우르는 것 안에서 나타날 수밖에 없습니다.

---

1 "아우름"은 야스퍼스의 개념 das Umgreifende에 대한 번역입니다. 독일어 사전에 따르면 umgreifen은 어떤 것이 다른 어떤 것을 자신 안에 포함하는 것을 뜻합니다. 아우름은 주체와 객체를 포괄하는 것입니다. 이런 포괄자包括者는 주체와 객체를 초월超越하기 때문에 포월자包越者라고도 불립니다.

그러나 우리는 아우름 자체를 대상으로 생각할 수 없습니다. 만일 그렇게 생각한다면 아우름이 객관이 될 것이기 때문입니다. 아우름을 생각하려면 우리가 대상을 가리키면서 마주할 때 토대로 삼는 것을 포기해야 합니다. 그래서 우리는 객관도 주관도 아닌 다른 토대를 찾아 나섭니다.

그런 토대에 이르기 위해 우리가 수행하는 일은 근본에 대한 철학적 작업이라고 불립니다. 이런 작업은 과학적 연구를 위한 방법이 아닙니다. 작업을 수행할 때 우리 내부에서는 어떤 변화가 일어납니다. 작업이 개념의 언어로 전해준 것은 실마리에 불과합니다. 이 실마리는 어떤 존재자를 알기 위해 사용할 수 없습니다. 하지만 이 실마리를 통해서 근본적 존재가 드러나는 방식들이 우리에게 뚜렷해집니다.

3. 근본에 대한 철학적 작업: 세계의 현상적 성질에 대하여

가령 다음과 같이 뚜렷해집니다. 근본적으로 존재하는 것은 객관이나 주관이 아니라, 즉 대상이나 자아가 아니라 아우름입니다. 아우름은 주관과 객관으로 분열되며 스스로를 드러냅니다. 이때 그 분열 가운데 나타나는 것은 모두 현상입니다. 우리에 대해 있는 것은 현상입니다. 현상은 아우름이 주관-객관-분열을 통해서 뚜렷해진 것입니다. 우리가 감각하는 것은 감성적으로 실재하는 방식으로 공간과 시간 안에 있습니다. 우리가 생각하는 것은 생각될 수 있는 형태로 있습니다. 이처럼 우리가 감각하거나 생각하는 것은 그 자체로 있는 것이 아니라 주관-객관-분열 가운데 자아에 대해 있습니다.

그렇다고 해서 우리의 세계가 가상의 세계이고, 현실적인 세계와 다르거나 대립하는 것은 아닙니다. 오직 하나의 세계가 있을 뿐입니다.[2]

그런데 의문이 듭니다. 주관-객관-분열 가운데 경험되는 그 하나의 세계는 이미 근본적인 존재 자체인 걸까요? 그리고 이 존재는 우리가 알 수 있는 세계와 조금도 다르지 않은 걸까요?

그 대답은 이렇습니다. 세계는 가상이 아니라 실재하는 것이지만 이것은 현상입니다.[3] 현상으로서의 세계는 아우름이라는 실체가 지탱하고 있습니다. 아우름 자체는 세계 어디에도 실재하지 않습니다. 즉 탐구할 수 있는 대상으로 나타나지 않습니다.

---

2 야스퍼스가 니체의 영향을 받은 것으로 보이는 부분입니다. 니체는 『우상의 황혼』에서 고대부터 이어져온 두 종류의 세계에 대한 형이상학적 이론을 우화의 형식으로 해체하고 있습니다.

3 우리가 경험하는 세계는 가상이나 환영이 아니라 실제로 존재하는 세계입니다. 그런데 이 세계는 그 자체로 존재하는 것이 아니라 우리 인간에 대해 나타나는 현상입니다. 따라서 감각하고 생각하는 인간 주관이 없다면 그 객관으로서의 세계도 현상할 수 없는 것입니다.

4. 아우름의 방식들

주관-객관-분열을 아우르는 방식은 하나가 아닙니다. 그 다양한 방식을 잠시 살펴봅시다.

가령 색깔이란 객관적인 것이 아니고 전자기파가 감각기관에 작용해 생겨난 주관적 현상이며, 객관적인 것은 파동일 뿐이고 세계 그 자체는 무색 무광이라고 말합니다. 하지만 이 말은 틀렸습니다! 이 말이 맞으려면 물리학의 대상인 물질이 현상의 한 방식에 불과한 것이 아니라 근본적 존재 그 자체여야만 합니다. 사정은 전혀 그렇지 않습니다. 감성적 존재인 주관에게 색깔은 어디까지나 객관적인 것입니다. 물론 물리학과 생물학은 색깔이 실재하는 것으로 나타나기 위한 조건들을 제시해줍니다. 그러나 색깔은 무색의 파동으로는 결코 설명할 수 없습니다. 이런 사실을 암시하는 사례가 있습니다. [가시광선의] 파장의 순서에 따라 분해되어 선형으로 배열된 빛깔의 띠는 전자기파의 훨씬 더 큰 배열의 작은 구간입니다. 이 구간에 대응하는 것은 선형으로 배열된 색깔의 띠가 아니라 둥그렇게 배열된 색상환입니다.4 색깔이 있는 객관적인 대상은 그 대상이 나타날

---

4 색상환의 종류가 다양하기 때문에 야스퍼스가 정확히 어떤 색상환을 염두에 두었는지 알 수 없습니다. 아마도 뉴턴의 색상환과 아리스토텔레스의 색깔 이론을 비교하는 것 같습니다. 아리스토텔레스는 하늘의 색깔이 변하는 것을 보고 선형의 색깔 체계를 만들었습니다. 그의 체계는 정오

물리적 조건을 고려하지 않더라도 그 자체로 연구됩니다. 색깔의 객관성에는 객관과 주관을 아우르는 생생한 삶[현존]의 주관성이 속합니다.

다른 모든 생명체의 경우도 사정은 마찬가지입니다. 우리가 첫 강의에서 얘기한 것처럼 생명체를 살아 있는 실체나 신체로 파악하는 것은 충분하지 않습니다. 오히려 생명체는 내면세계와 주변 세계로 이루어진 하나의 전체이고, 각각의 생명체는 특수한 형태를 지닙니다. 생명체를 만들 사람은 그 내면세계와 주변 세계를 아우르는 세계를 각각의 생명체에게 맞게 창조해야 할 것입니다.

우리는 이런 생명체를 현존現存이라고 부릅니다. 생생한 현존은 내면세계와 주변 세계로 분열되어 있으면서도 두 세계를 서로 관련지어서 유지하고 있는 아우름입니다. 우리 인간은 이렇게 생생한 현존의 한 방식이고, 생명체들 가운데 하나입니다.

이런 방식의 아우름, 즉 생생한 현존은 스스로에 대해 모릅니다. 우리는 스스로에 대해 알고 있습니다. 왜냐하면 우리 인간은 다른 방식의 아우름이기도 하기 때문입니다. 우리는 가리키는 대상을 향하면서 자기 자신을 생각하는 방식의 아우름입니

의 흰색으로 시작해 밤하늘의 검은색으로 끝나는 일곱 가지 색깔로 이루어져 있습니다. 그와 달리 뉴턴의 색상환에서 각 색깔은 이웃하는 색깔과 비슷하고 서로 이어져 있습니다. 따라서 뉴턴의 색깔 체계는 끊어지지 않는 원의 형태로 되어 있습니다.

다. 이런 아우름은 다양한 현존이 지닌 의식이고, 그 의식은 맞기도 그릇되기도 합니다. 주관적인 것에 불과한 그릇된 의식은 한없이 다양합니다. 객관적으로 맞는 의식은 하나밖에 없습니다. 이런 의식은 생각하거나 알 수 있는 것 모두를 포함합니다. 개별적으로 현존하는 의식은 객관적으로 맞는 의식에 도달할 수 없습니다. 그래서 우리는 맞는 의식을 일반 의식이라고 부릅니다.

감성적 현존과 객관적인 색깔이나 소리 사이의 관계는 주관적으로 생각하는 것과 객관적으로 생각된 것 사이의 관계와 비교해볼 수 있습니다. 생각하는 것은 어떤 범주에 따라 표현되고, 생각된 것과 마주칩니다. 우리는 어떤 것을 원인, 실체, 실재 등등이라고 말합니다. 이들 범주는 일반 의식의 주관에 의해 만들어진 것인 동시에 객관적인 것이기도 합니다. 이 범주에 우리가 인식할 수 있는 모든 사물이 들어갑니다. 범주론은 우리가 생각하는 것을 표현하는 형식에 관한 이론이고, 동시에 우리에게 나타나는 모든 사물의 형식에 관한 이론이기도 합니다.[5] 일반 의식이란 아우름은 그 자체로 주관도 객관도 아니면서 객관

5 여기서 야스퍼스는 칸트의 범주론을 염두에 두고 있는 것 같습니다. 칸트가 말하는 12개의 범주는 각각에 상응하는 판단 형식으로부터 연역되었습니다. 따라서 우리가 인식할 수 있는 모든 현상이 속하는 범주는 우리의 판단을 표현하는 형식이기도 합니다. 그래서 범주는 주관적이면서 동시에 객관적입니다.

에 대한 생각을 표현한 것들을 서로 연결시키는 것입니다.

또한 우리는 생생한 현존이나 일반 의식으로 있는 것에 그치지 않습니다. 우리는 이미지와 형태를 창조하는 "정신"입니다. 우리의 주관적 상상력이 창조적으로 그려낸 것에서는 정신적 객관성이 보입니다. 한쪽은 다른 한쪽이 없이는 있지 못합니다.

최종적으로 그리고 근원적으로 본래 실존할 수 있는 우리는 자유입니다[자유롭습니다]. 자유로운 실존은 스스로가 초월자[신]와 관련된 것을 알고 있고, 초월자에 의해 스스로를 선물받습니다. 현실에서 우리의 실존은 시간 안에서 변화하는 자아입니다. 이런 실존은 우리의 사랑 안에 있는 것이고, 말하는 양심이고, 결합하는 이성입니다.

현존으로서 우리는 자기 자신을 다양하게 주장하는 개인들입니다. 일반 의식으로서 우리는 일반적으로 생각하는 하나의 주관성이고, 이런 주관성은 다양하게 현존하는 주관들 속에 다소 들어 있습니다. 정신으로서 우리는 스스로가 창조해낸 형태들의 영역에서 발휘되는 상상력입니다. 실존으로서 우리는 만물의 근본인 초월자와 관계를 맺으며 자기 자신이 되는 것입니다.

우리가 생생한 현존이며, 일반 의식이며, 정신이며, 실존이라고 말할 때 저는 우리를 이런 아우름의 방식들의 집합체로 여기는 것이 아닙니다. 우리 안에서 이 방식들은 서로에게 스며들고, 서로에게 도움이 되고, 서로 투쟁하고 있습니다.

아우름의 방식들은 그 모든 방식에 비로소 무게를 주는 실존을 위해 연결됩니다. 또는 반대로 그 방식들은 흩어져서 독단적인 요구를 하는 개별 현존이 되거나, 맞는 일반 의식으로서 이미 자신이 진리 자체이기를 바라거나, 혹은 마구 마법을 거는 정신의 세계가 됩니다. 연결되느냐 흩어지느냐는 아우름의 방식들이 나타날 때 계속되는 투쟁입니다.

철학적으로 설명한 근본에 대한 앎을 우리는 여기서 언급만 할 수 있을 뿐 제시할 수는 없습니다. 그 앎은 우리의 뚜렷한 자기의식을 통해 어떤 공간을 마련해줍니다. 그 공간에서 우리의 자기의식은 스스로 구조를 갖추고 제한들에서 벗어납니다. 그 공간의 매질媒質이 맑아지면 우리의 실존은 현실이 됩니다.

5. 근본에 대한 앎으로 인해 바뀌는 내면

오늘 강의의 시작으로 돌아가보겠습니다. 근본에 대한 앎은 근본에 대한 철학적 작업에 힘입어 우리로 하여금 우리가 시간 안에서 실재하는 것이 현상임을 깨닫게 해줍니다. 이런 깨달음은 우리의 내면에 영향을 미칩니다.

실재는 현상이지만 그것이 바로 현실 그 자체는 아닙니다. 이런 실재의 세계 안에 우리는 내던져져 있습니다. 그 안에서 우리는 보편타당한 과학을 수단으로 삼아 적응하고 있습니다. 그러나 세계 너머를 넘어다보고 있는 것은 아닙니다. 철학적 안목이 비로소 이 세계에 갇힌 우리를 해방시켜줍니다.

철학적 안목을 기르기 위한 첫걸음은 자명한 것에 대해 놀라움을 느끼는 데에 있습니다. 즉 주관인 우리가 가리키는 대상을 향해 있고 이런 주관과 대상의 분열이 우리에게 가장 뚜렷하다는 사실에 대해, 그리고 그 사실의 의미에 대해 놀라워하는 것입니다. 언제 어디서나 일어나기에 자명해서 이제까지 물어보지 않은 것, 즉 전에는 전혀 의식적으로 파악하지 않은 것에 대한 놀라움으로부터 다음과 같은 물음들을 묻게 됩니다.

현상의 세계에서 이렇게 놀라워하며 사는 것은 잠에서 깨어나는 것, 즉 태곳적의 어두운 무의식으로부터 깨어나는 것과 같을까요? 이런 깨어남이 유일하게 뚜렷한 것일까요? 또는 주관-객관-분열 가운데 이렇게 사는 것이 마치 꿈속 삶과 같은 것일까요? 깨어남이 사실은 본래적 존재와 아울러 자아도 어둡게 하는 것일까요? 이런 물음들은 지식을 가지고 답할 수 있는 것이 아니라 결단을 필요로 합니다. 이 말이 매우 놀랍게 들린다 해도 그렇습니다.

저는 실재하는 세계가 저와 무관한 것이 되도록 내버려두고 싶은 걸까요? 이 세계에 간섭하지 않고 그저 이 세계를 견디고 싶은 걸까요? 아무것도 책임지고 싶지 않은 걸까요? 마치 제가 없는 것처럼 살아가고 싶은 걸까요? 이런 길[道]을 걸었던 사람들을 아시아의 여러 생각의 흐름에서 볼 수 있습니다. "존재는 가상이고, 가상은 존재이다"라는 말은 도가道家의 소설 속에 나오는 성어成語입니다.[6] 이 소설은 혼란스럽게 하는 마법, 아름다움, 천박함, 행복과 불행, 속임수와 발각으로 이루어진 공허한 놀이로서의 인생을 보여줍니다. 이 성어는 모든 것이 유동적이고, 흩날리고, 소멸해버릴 때 그 내면을 표현합니다.

또는 저는 제 삶의 현실과 저의 책임 및 지식을 통해 이 현상세계 안에서 뚜렷함에 이르고 싶은 것일까요? 그때 저는 지식이 현상세계의 너머에서 다른 유래를 가지는 모든 가능한 뚜렷함에 이르기 위해서 우리가 꼭 지나가야 하는 길이기를 기대합니다. 그러면 우리에게 현상은 가상에 못 미치는 것이 아니게 되고, 삶은 꿈이 아니게 될 것입니다. 그러나 우리의 유한한 인식이 모두 항상 부분적이라는 깨달음을 우리가 잊어버린 것은 아닙니다. 다음과 같은 물음이 생깁니다. 우리는 생각을 할 때 우리의 지식 전부를 간파할 수 있는 장소를 그 지식 바깥에서 찾을 수 있을까요? 물론 그 장소에서 제가 세계 안에서의 새로운 앎이나 목표에 이르는 것은 아닙니다. 그러나 저는 그 장소에서 근본적 존재에 대한 저의 의식을 바꾸고, 동시에 저 자신

---

6 야스퍼스가 말한 도가의 소설은 시의 형태로 쓰인 『도덕경』이 아니라 산문의 형태로 쓰인 『장자』를 가리키는 것 같습니다. 하지만 "존재는 가상이고, 가상은 존재이다"라는 말은 『장자』에 나오는 구절이 아니라, 삼장법사 현장이 번역한 『마하반야바라밀다심경』(줄여서 『반야심경』)에 등장하는 구절인 것으로 짐작됩니다. 그 구절은 "색즉시공공즉시색色卽示空空卽示色"이고, 색(가상)의 세계와 공(존재)의 세계가 같음을 뜻합니다.

도 바꿉니다.

이런 물음들에 골몰할 때 우리는 자기가 자신 안에 오래전부터 지니고 있었던 현실, 즉 실재하는 현상에 부분적으로 사로잡힌 우리가 미처 생각하지 못한 현실을 인정하게 됩니다.

6. 주관-객관-분열 너머에서 두 번째 실재를 찾는 헛된 탐구

현존의 현상 성질에 대해 깨달음으로써 우리는 근본적 존재를 의식했고 주관-객관-분열 안에 갇혀 있는 상태로부터 이미 벗어났습니다. 하지만 우리는 그 상태를 알고 있음으로써 계속해서 갇혀 있습니다. 우리는 사로잡혀 있는 것은 아니지만 갇혀 있습니다. 한 줄기 빛이 우리에게 떠올랐습니다. 이 빛 안에서는 모든 것이 바뀌지만 어떤 다른 실재가 보이는 것은 아닙니다. 그런데 우리의 감성과 지성은 그런 실재를 잡을 수 있기를 바랍니다. 우리는 주관-객관-분열을 간파하고 싶어 할 뿐만 아니라 또한 이런 분열 너머에 발붙이고 싶어 합니다. 우리가 갈 수 없는 두 가지 길을 걸어보겠습니다.

첫 번째 길은 우리를 세계의 바깥으로 이끄는 길입니다. 근본적 존재 자체와의 신비로운 합일(우니오 미스티카unio mystica)의 경험을 논박하는 것은 거의 불가능합니다.[7] 그런데 이런 경

---

[7] "우니오 미스티카"는 기독교 신비주의의 근본이 되는 현상을 가리킵니

험을 하고 공공의 세계로 돌아온 사람은 자신의 경험을 전달할 수 없습니다. 그 경험에 대한 다양한 해석은 의문스럽습니다. 풍부한 비유적 표현이 넘쳐나더라도 몸소 경험한 사람이 아니고서는 그것을 이해할 수 없습니다. 그 직접적인 합일에서의 무의식의 상태나 "초의식超意識"의 상태에서 대상과 자아는 사라져버립니다. 어떤 것과 자아 자신에 대해 의식하고 있는 상태가 모조리 해소됩니다. 주관-객관-분열은 더 이상 없습니다. 이것은 우리에게 있어 일종의 예외 상태입니다. 그 예외 상태를 경험하고 돌아온 사람은 그 상태로부터 마치 지식과 같은 어떤 것을 가져온 것처럼 보입니다. 그 사람은 마치 최후의 비결을 전수받은 것처럼 깊은 감동을 받았습니다. 그런데 우리 모두에게 공통된 의식 차원의 언어를 통해 말해보면 전부인 것처럼 보였던 경험도 아무것도 아닌 것과 같아져버립니다. 따라서 사람들은 이런 경험에 의거해서는 안 됩니다.

제대로 신비를 경험해보지 못한 사람도 그 경험이 세계 안에서는 자신에게 실용성이 없으리라는 것쯤은 알고 있습니다.

두 번째 길에서는 저쪽 세계, 다른 세계, 실재하리라고 추정되는 세계가 대상이 됩니다. 이런 세계는 생생한 환상으로 눈앞

다. 이 현상은 인간과 신이 분리되었다가 통일되는 것이 아니라 인간이 자기 자신으로 깨어남으로써 신과 근원적으로 통일되어 있었음을 깨닫는 것입니다. 이런 깨달음의 경험은 개념적 언어로는 파악할 수 없고, 비유를 통해서만 묘사를 시도해볼 수 있습니다.

에 나타납니다. 이런 환상은 환상에 사로잡힌 사람을 압도합니다. 환상은 합리적 구조를 가진 이미지가 됩니다. 정신 질환자들에게는 그런 초감성적인 환상이 실재적이며 근원적인 경험입니다. 그렇지 않은 사람은 자신의 "정상적 의식"을 가지고 그들이 하는 말을 경청하며 상상력을 발휘함으로써만 그들의 환상에 공감할 수 있습니다.

암어문이라는 유동적 언어를 견지지 못하는 사람과 요동치는 운명을 감수하지 못하는 사람은 초감성적 환상을 알게 될 때 자신의 자유, 한계상황,[8] 욥의 물음들로부터[9] 해방됩니다.

8 "한계상황"으로 번역한 독일어는 Grenzsituation입니다. 일상적으로 이 단어는 평범한 수단이나 조치로 해결할 수 없는 이례적인 상황을 가리킵니다. 야스퍼스의 철학적 개념으로서 한계상황은 사람이 살아 있는 한 불가피하게 자신의 존재의 한계에 부딪히는 상황을 뜻합니다. 한계상황에는 고통, 죄책감, 운명, 투쟁, 세계의 불확실성, 죽음 등이 있습니다. 이런 상황에 처하면 사람의 근본적 실존은 현실이 됩니다.
9 욥은 『구약성서』 「욥기」의 주인공입니다. 「욥기」는 신과 사탄의 내기로 시작됩니다. 신이 욥이라는 사람의 의로움과 신앙심을 자랑하자, 사탄은 욥이 불행해지면 신을 나쁘게 말할 것이라고 주장합니다. 신은 사탄에게 욥을 죽이지 않는 한에서 얼마든지 괴롭힐 수 있게 허락합니다. 이제 욥은 갑자기 모든 자식과 재산을 잃어버리게 되는 고난을 겪습니다. 처음에는 욥의 믿음이 흔들리지 않았지만 곧 그는 억울함을 호소하고, 자신이 태어난 것을 저주합니다. 신에게 기도하면서 욥은 의로운 사람이 당하는 이유 없는 고난의 부당함에 대해 여러 가지 물음을 던집니다. 결국 신은 욥에게 욥이 이해할 수 없는 초감성적인 힘에 대해서 말해주고, 욥은 그 힘을 인정하고 자신의 물음들을 거둡니다. 그런 욥에게 신이 축복을 내리는 것으로 「욥기」는 끝이 납니다.

그 사람의 수중에는 무엇인가가 있습니다.

하지만 그 해방의 대가는 진리의 상실입니다. 우리가 볼 때 그 사람은 착각, 자기기만, 유혹에 빠져 있습니다. 신비주의나 환상은 우리에게 도움이 되지 못합니다. 오직 주관-객관-분열 자체 안에서만 우리는 뚜렷한 현실을 통해 어딘가에 이를 수 있습니다. 거기서 우리는 그 현실 안에서 그리고 현실을 통해서 아우름에 대해 확신하게 됩니다. 그러면 우리는 객관이나 주관에 빠지지 않고, 오히려 객관과 주관을 아우르면서 살게 될 것입니다.

7. 철학적으로 생각하는 다양한 방법

이제까지의 강의들이 보여준 것처럼 철학적 생각에는 한 종류만 있는 것이 아닙니다.

우리가 우주와 역사에 관해 말했을 때 우리는 그 한계에 이르고자 했습니다. 한계 자체가 매력적이었고, 그래서 우리는 한계를 경험하기 위해서만 앎을 추구하는 것처럼 보였습니다. 이는 철학함의 한 가지 방법입니다. 과학자가 스스로 이런 철학적 원동력에 의해 고무되고 이끌리고, 그래서 구체적으로 알 수 있는 것 속으로 그만큼 더 정확하게 파고 들어가는 한에서 철학은 과학에 있어 중요합니다.

오늘 강의에서 우리는 전혀 다른 방법을 사용했습니다. 우리는 세계 안에 있는 대상이 아니라 우리의 현재 상태로부터 출발했습니다. 우리는 스스로가 어떻게 세계 안에 놓여 있는지를 확인했습니다. 아우름이 우리와 대상의 분열 가운데 스스로 나타나고 주관-객관-분열 가운데 스스로를 마치 대상과 같은 것으로 깨닫고 있을 때만 아우름은 존재할 수 있습니다. 아우름은 대상에 매인 과학에는 아무 의미도 없습니다. 어떤 지식도 가져오지 않습니다. 그 대신 아우름은 근본적 존재에 대한 우리의 의식을 뚜렷하게 합니다. 인간의 지성으로는 이런 의식으로 비약할 수 없습니다. 이 비약은 지성을 상실하는 것이 아니라 지성을 가지고 지성을 넘어가는 것입니다.

이는 다른 생각을 경험하는 것입니다. 대상에 대해 생각할 때 파악할 수 없는 것[곳]이 나타납니다. 우리는 하나의 공간을 얻습니다. 그 공간에서는 더 이상 어떤 구체적 대상을 아는 일이 일어나지 않습니다. 우리는 경계선에 이른 것입니다. 그 경계선에서 움직이는 우리는 세계 안에서 새로운 대상을 더 이상 보지 못할 것입니다.

이렇게 생각하면 우리의 세계는 다른 곳에서 유래하는 불빛을 받아 나타날 수 있게 됩니다. 그 불빛은 깊이의 차원을 갖지 못한 채 단순하게 존재할 뻔했던 세계를 드러내줄 것입니다.

네 번째 강의: 인간

1. 인간에 대한 물음

첫 번째와 두 번째 강의에서는 자연과 역사에 대한 지식을 그 한계에 이르기까지 물었습니다. 세 번째 강의에서는 생각의 방향을 돌려서 그 지식을 아는 사람의 본질과 그 앎의 상태의 본질에 대해 물었습니다. 우리는 우리에 대해 있는 모든 것이 주관-객관-분열 가운데 나타난다는 것을 알았습니다. 아우름은 분열이 나타날 때 스스로 뚜렷해지고, 그 자체로 객관도 주관도 아닙니다. 우리는 아우름에 대한 깨달음을 근본에 대한 앎이라고 불렀습니다. 이런 앎은 자연과 역사에 대한 지식과 다릅니다.

그러나 우리가 말했던 것들, 즉 자연, 역사, 아우름은 모두 인간 안에서 서로 만납니다. 첫째, 우리는 물질로 이루어진 생물이고, 자연에 속하는 동물의 한 종류입니다. 둘째, 우리는 생각하고 행동하고 창조하는 존재로서 우리가 만드는 역사에 속하고, 동시에 그 역사의 손에 맡겨져 있습니다. 셋째, 우리는 마치 자연과 역사를 포함하고 있는 것 같은 아우름입니다. 현상으로서 우리는 자연과 역사를 통해서 지금의 우리가 되었습니다. 그렇지만 우리는 마치 자연과 역사의 바깥에서 온 것 같고, 그 바깥에서 비로소 우리의 근원과 목표를 가지게 된 것 같습니다.

인간의 이런 본질은 유일무이합니다. 인간은 우리 자신이기에 자명해 보이지만, 가장 불가사의한 것이기도 합니다. 인간은 그저 그렇게 세계의 다른 모든 것 사이에 있지 않습니다. 인간의 불가사의함은 기이하고 지나치게 보일 정도로 다양한 방식으로 표현되었습니다. 가령 인간은 마치 모든 것인 것처럼 있다고, 즉 영혼이 모든 것이라고 아리스토텔레스는 [『영혼론』 3권에서] 말했습니다. 중세 서양 사람들의 생각에 따르면 인간은 동물이나 천사가 아니지만 둘 사이에서 둘을, 즉 동물의 존재와 천사의 존재를 공유하고, 동물뿐만 아니라 천사보다도 더 뛰어나고, 모든 피조물의 중심이고, 유일하게 신을 닮았다고 합니다. [독일 철학자] 셸링은 인간의 마음속 깊은 곳에 "창조에 대한 공동 지식[의식]"이 숨겨져 있다고 말했습니다. 왜냐하면 인간이 그 시작에 관여했기 때문이라는 것입니다.[1]

---

1 "창조에 대한 공동 지식"은 독일어 Mitwissenschaft mit der Schöpfung을

2. 자연의 침묵과 인간의 언어

우리가 어디서 왔든지 간에 우리는 여기 있습니다. 우리는 다른 사람들과 더불어 세계 안에 있습니다.

자연은 말이 없습니다. 자연이 그 형태와 풍경으로, 그 사나운 폭풍과 화산의 폭발로, 그 산들바람과 고요함으로 무엇인가를 표현하는 것 같을 때도 자연은 대답하고 있는 것이 아닙니다. 동물은 감각적인 반응을 보이지만 역시 말은 하지 않습니다. 오직 인간만이 말을 합니다. 인간들은 교대로 말하고 대답하면서 서로를 이해해나가는데, 이런 이해는 오직 인간들 사이에만 있습니다. 오직 인간만이 생각하면서 자기 자신을 의식합니다.

헤아릴 수 없고 말 없는 세계에 인간은 홀로 있습니다. 처음으로 인간이 말 없는 만물에게 자신의 말을 부여합니다. 자연의 침묵은 인간에게 한편으로는 무섭고 낯선 것으로서, 즉 우리 인

번역한 것입니다. 이 표현은 야스퍼스가 밝히는 것처럼 셸링의 표현입니다. 하지만 인용이 정확하지는 않습니다. 셸링은 Mitwissenschaft der Schöpfung이라고 적었습니다. 이 표현은 셸링의 『세계 시대Die Weltalter』에서 찾아볼 수 있습니다. "공동 지식"이라는 표현은 "의식"을 뜻하는 라틴어 conscientia를 셸링이 독일어로 번역한 것입니다(Christian Iber, *Das Andere der Vernunft als ihr Prinzip: Grundzüge der philosophischen Entwicklung Schellings mit einem Ausblick auf die nachidealistischen Philosophiekonzeptionen Hei-deggers und Adornos*, Walter de Gruyter, 1994, 204쪽 참조).

간에게 무자비할 만큼 무관심하게 침묵하며 영향을 미칠 수도 있고, 다른 한편으로는 신뢰감을 주면서 우리 인간을 지탱하고 도와주는 침묵으로서 영향을 미칠 수도 있습니다. 자연의 한 부분인 인간은 외롭습니다. 같은 운명의 동반자와 함께할 때 비로소 인간은 인간다워지고, 자기 자신이 되고, 홀로 있지 않게 됩니다. 그러면 자연은 인간에게 말없이 말하는 어두운 배경이 됩니다. 세계 안에서 우리 자신은 만물을 처음으로 뚜렷하게 밝혀주는 빛이 되어 스스로에게 나타납니다. 만물은 우리가 그것에 대해서 생각하고, 그것을 다룸으로써 파악되기 때문입니다.

3. 우리는 스스로를 세계와 역사를 통해서도, 또 자기 자신을 통해서도 이해하지 못합니다

세계를 통해 이해한 우리는 육체를 가진 생생한 현존입니다. 이런 현존 없이 우리는 있을 수 없습니다. 우리는 현존에 매여 있고, 현존하며 활동하고, 육체를 우리의 것으로 경험하고, 급기야 우리를 육체와 동일시하기까지 합니다. 하지만 물질과 생명에서 자연적으로 생성된 것의 영역에 우리 자신을 예속시키면 우리는 자기의식을 상실할 것입니다. 왜냐하면 각자 자신의 신체와 동일시되는 우리는 아직 우리 자신이 아니기 때문입니다.

역사를 통해 우리를 이해하는 것은 실재하는 전통을 통해서만 가능합니다. 그 전통 없이 우리는 [지금의] 우리에게 올 수 없었을 것입니다. 그런데 우리는 자신을 오늘날 스스로가 처해 있으며 알 수 있는 역사적 과정에 내맡겨버립니다. 그러면 우리는 자기 자신의 근원적인 책임을 더 이상 의식하지 않을 것입니다. 왜냐하면 역사에 대한 고찰을 통해서가 아니라 책임 의식을 통해서 비로소 우리는 자기 자신이 되기 때문입니다.

그러면 우리는 내적으로나 외적으로 자유롭게 행동하는 자기 자신을 통해 스스로를 이해하는 것일까요? 이렇게 자유로울 때 우리는 깊고 근원적인 자기의식에 이릅니다. 하지만 이때 우리가 자신의 자유로운 실존을 이해한 것은 아닙니다. 왜냐하면 우리는 자기를 현존으로도 자유로도 스스로 창조한 것이 아니기 때문입니다. 우리는 현존으로 태어나고, 자유로울 때 자기를 이해하며 자신을 선물받습니다.

4. 인간 본질의 규정들

우리는 자신의 기원을 통해서 스스로를 이해하지는 못해도, 적어도 우리가 무엇인지는 알아낼 수 있지 않을까요?

인간의 본질은 언어를 가지고 생각하는 생물(조온 로곤 에콘zoon logon echon)로, 행동을 통해 법치 도시, 즉 폴리스polis 공동체를 건립한 생물(조온 폴리티콘zoon politikon)로, 도구를 만드는 존재(호모 파베르homo faber)로, 도구를 가지고 일하는 존재

(호모 라보란스homo laborans)로, 공동 경제를 통해 생계를 꾸리는 존재(호모 오이코노미쿠스homo oeconomicus)로 규정되었습니다.

이런 규정들 각각은 어떤 특징을 표현하고 있습니다. 그러나 결정적인 것이 빠졌습니다. 늘 반복되는 모습을 보이는 이런 유형으로는 인간의 본질을 파악할 수 없습니다. 오히려 인간의 본질은 유동적입니다. 즉 인간은 지금 있는 그대로 머물러 있을 수 없습니다. 인간은 지속해서 변화하는 공동체 안에 놓여 있습니다. 인간은 세대에서 세대를 거치며 편안하게 스스로를 반복하는 동물과 다릅니다. 인간은 자기에게 주어진 것을 뛰어넘습니다. 인간은 세대마다 새로운 조건 아래에서 태어납니다. 태어난 인간은 누구나 미리 정해진 궤도에 묶여 있으면서 또한 새롭게 시작하기도 합니다. 니체에 따르면 인간은 "고정되지 않은 동물"입니다. 동물은 이미 있던 것을 되풀이할 따름이지 그 이상은 할 수 없습니다. 그에 반해 인간은 자신의 본질상 그렇게 원래 있었던 그대로 있을 수 없습니다. 인간은 궁지에 몰리고, 퇴화하거나 왜곡되고, 자기소외에 빠질 수 있습니다. 인간은 구원, 치유, 해방을 필요로 하고, 자기 자신에게로 돌아올 필요가 있습니다. 그러나 보편타당하다고 알려졌거나 믿어지는 유일하게 참된 인간의 본질을 향해 돌아오는 것은 아닙니다.

5. 인간은 스스로가 자신의 모든 현상으로부터 독립했음을 알고 있습니다. 이런 인간은 누구일까요?

인간은 자신이 국가, 인종, 성별, 시대, 문화권, 사회경제적 상황에 매여 있다는 것을 알고 있습니다. 그럼에도 불구하고 인간은 그런 속박에서 벗어날 수 있습니다. 인간은 자신이 역사의 흐름 속에서 몰두하는 모든 것 바깥에 그리고 그 위에 서 있는 것 같습니다. 이런 인간은 도대체 누구일까요?

우리가 인간에 대해 알고 있는 것과 개인이 각자 자신에 대해 알고 있는 것을 모두 더해도 그 합이 인간 자체가 되지는 않습니다. 인간은 자신이 매여 있는 것과 관계하고 있습니다. 그것이 인간과 완전히 동일한 것은 아닙니다. 인간의 근원에서 샘솟은 물음은 가라앉아버린 인간을 끌어올려주는 지렛대가 됩니다. 그 근원으로부터 인간은 자신을 불안정하게 만드는 요구를 듣습니다. 인간은 자기 자신이 될 때 자신이 어떤 것에 귀속된다고 믿습니다. 아직 전혀 파악되지 않은 그것을 통해 근본적 존재에 대한 그 사람의 의식이 충만해집니다.

인간은 자기 마음대로 다룰 수 없는 근거가 자신을 지탱하고 있다는 사실을 알게 될 때 본래 자기가 누구인지를 알게 됩니다. 어떤 개인이 자기 자신을 알게 되는 것이 아닙니다. 인간이 무엇인지에 대한 앎은 모두 자기 자신이 구성한 현상들과 관계되고, 그 구성을 위한 전제 및 가능성과 관계됩니다. 인간은 그 관계되는 것들과 동일하지 않습니다. 하지만 인간은 자기 자신으로 돌아오는 길에 그것들을 받아들입니다.

6. 인간상을 둘러싼 투쟁

우리는 인간에 대한 이미지를 지니고 있고, 역사의 흐름 속에서 중요한 모범이 되었던 인간상人間像에 대해 알고 있습니다.

그러나 우리는 인간이 본래 무엇이고, 무엇일 수 있으며, 무엇이어야 하는지의 그 무엇을 이미지로 고정할 수 없습니다. 그래서 우리는 스스로가 모범으로 삼았던 이미지에 대해서도 책임이 있습니다.

인간은 자신에 대한 이미지 없이 살 수 없습니다. 여러 인간상 간의 투쟁 속에서 우리는 자기 자신에게로 돌아옵니다. 여러 이미지가 항상 인간을 둘러싸고 있습니다. 신화 속 인물인 영웅의 이미지, 본질상 인간과 같으면서도 불멸한다는 점에서는 인간보다 더 뛰어난 그리스 신의 이미지가 그렇습니다. 또 인간을 둘러싼 이미지에는 현자, 예언자, 성자와 같은 인물이 있고, 문학 속의 인물도 있습니다. 오늘날에는 어떤 이미지가 인간을 둘러싸고 있을까요? 연극, 스포츠, 영화의 스타에게서, 정치가, 작가, 과학자에게서 보이는 주도적인 이미지가 여전히 그런 것으로 간주될 수 있을까요? 또는 본래적인 이미지들은 이제 더 이상 존재하지 않는 걸까요?

여러 인간상 간의 투쟁은 우리 안에서 우리 자신을 둘러싸고 벌어지고 있습니다. 우리는 각자 마주치는 인간상들에 대해 때로는 반감을, 때로는 호감을 느낍니다. 우리는 그것들에 적응합니다. 그것들은 따르고 싶거나 피하고 싶은 이미지일 수 있습니다. 우리는 아마도 이렇게 자문할 것입니다. 이런 사람이라면 지금 이런 상황에서 무슨 일을 하고, 무슨 말을 할 것인가?

우리는 타락했을 때 천박한 사람을 보면서 자신의 천박함을 합리화하는 경향이 있습니다. 우리는 자기 자신에게 더 잘 돌아오기 위해 숭배할 수 있는 사람들을 찾아 나섭니다. 우리가 사랑하는 사람들 사이에서 우리는 자기 자신이 됩니다. 우리보다 열등해 보이는 사람들 사이에서는 자신을 상실합니다.

드높은 인간상을 거부하는 사람들은 이렇게 말합니다. "저는 전혀 그렇게 되고 싶지 않습니다. 저는 다른 모든 사람처럼 되고 싶습니다." "인간의 비열함을 공유하고, 교만스럽게 더 잘나고 싶어 하지 않는 것이 인간다운 겁니다. 이것이 바로 본래적인 인간다움입니다." "고귀한 인물은 과거의 우상이고, 오늘날에는 더 이상 존재하지 않습니다." "저는 우리 시대에 알맞은, 시대가 요구하는 것이 되고 싶습니다." 이에 반해 품위 있는 사람에 대한 경외심도 있습니다. 그런 사람을 우리는 어떤 시대에나 만날 수 있습니다. 이런 품위가 우리를 끌어올려줍니다. 품위에 대한 경외심이야말로 모든 개인에 대한 경외심의 근원일 뿐만 아니라 또한 모든 개인이 가진 드높은 가능성에 대한 경외심의 근원입니다. 왜냐하면 그 모두가 인간이기 때문입니다. 이 경외심은 저 자신에 대한 경외심의 근원입니다. 이런 경외심 때문에 저는 스스로를 경멸하게 될 일을 행하거나 느끼거나 생각하는 것을 견디지 못합니다. 하지만 모든 사랑과 경외심을 좌절하게 하는 몹시 절망적인 한계가 있습니다. 셰익스피어가 『템페스트』에서 [반인반어半人半漁] 캘리반의 의심의 고통을 통해 시적으로 보여준 것과, 비열한 복종심에서 나온 독일인의 광기가 히틀러를 통해 실제로 보여준 것이 인간 안에 들어 있기 때문입니다.

경외심이 인간을 신적인 경지까지 끌어올리지는 못합니다. 가장 위대한 인간도 가장 왜소한 인간과 마찬가지로 어딘가 우리와 닮았습니다. "모두가 우리와 같은 인간입니다"라는 명제는 우리 모두를 고무하지만 [우리 사이에 있는] 막연한 서열을 폐지하는 것은 아닙니다. 이 명제가 나쁘게 왜곡되면 다른 명제, 즉 우리 모두를 비하하고 획일화하는 명제가 됩니다. "모두는 그저 그런 인간에 지나지 않으며, 우리는 모두 똑같습니다."

7. 인간은 스스로에게 만족하지 않습니다

앞서 말한 것처럼 인간은 세계를 통해서도, 역사를 통해서도, 자기 자신을 통해서도 스스로를 이해하지 못합니다.

자신의 현존에 갇힌 인간은 스스로를 넘어서고 싶어 합니다.

자신 안에 안정적으로 틀어박혀 매일 반복적으로 현존하는 사람은 어떤 만족도 찾지 못할 것입니다. 만일 그 사람이 그렇게 원래 있었던 그대로의 인간으로만 있고 싶어 한다면 이미 그 사람은 스스로를 본래적인 인간으로 여기지 않을 것입니다.

그저 그런 감정에 빠질 때, 신화에 등장하는 이미지를 즐길 때, 열광할 때, 고무하는 말을 할 때, 마치 그것들이 이미 실제이기라도 한 것처럼, 인간은 자신의 너머에 이른 것이 아닙니다. 내적으로나 외적으로나 행동할 때, 즉 실현할 때 비로소 인간은 스스로를 자기 자신으로, 즉 생명보다 우월한 것으로 깨닫고 스스로를 뛰어넘습니다. 이는 두 가지 방향에서 일어납니다. 한편으로는 세계 안에서 무한히 진보함으로써, 다른 한편으로는 초월자와 관계를 맺을 때 인간에게 나타나는 무한성을 통해서 일어납니다.

8. 스스로를 넘어섬: 세계 안에서의 진보

자연을 지배하는 과정은 인류의 시작부터 있어왔습니다. 즉 불을 피우고 도구를 발명한 것과 함께 말이죠. 그러나 심각한 위기에는 다른 어떤 것이 생겨납니다. 그것은 용감한 지식욕과 능력, 항해의 모험, 경험에 대한 억누를 수 없는 욕구, 결코 만족할 줄 모르며 어떤 한계라도 뛰어넘으려는 충동입니다.

그리스신화에는 신에게 반항하는 프로메테우스라는 거인이

등장합니다. 우리가 아이스킬로스의 비극[『결박당한 프로메테우스』]에서 읽을 수 있는 내용은 이렇습니다. 가련한 인류가 몰락하도록 내버려두고 싶어 한 제우스에 맞서 프로메테우스는 인간을 보살폈습니다. 프로메테우스는 인류가 스스로를 도울 수 있도록 인류에게 불과 수많은 기술을 주었고, 그 기술로 인류는 현존에 필요한 것을 만들어낼 수 있었습니다. 즉 집을 짓는 일, 배를 만드는 일, 철, 은, 금을 이용하는 일, 소를 길들여 쟁기를 끌게 하는 일, 말을 길들여 먼 지방까지 타고 가는 일을 할 수 있게 된 것입니다. 또한 프로메테우스는 인류에게 숫자와 과학과 문자를 가르쳐주었습니다. 그는 인류에게 생각하고 행동하면서 자신의 삶을 만들 가능성을 줌으로써 삶을 주었습니다. 이처럼 인류가 자립하는 것은 제우스가 계획한 세계 질서에 거역하는 일이었습니다. 인간은 이렇게 되기까지 거인의 신세를 졌고, 또 인간 자신에게도 신세를 졌습니다. "인간보다 더 강력한 것은 없습니다." 이것은 소포클레스의 비극[『안티고네』]에 나오는 말입니다.

하지만 인간이 무엇인가를 할 수 있는 능력은 인간의 비극적 운명이기도 합니다. 단테는 [『신곡』에서] 오디세우스의 모험을 묘사합니다. 오디세우스는 헤라클레스의 기둥 사이에 놓인 인간의 한계(지브롤터해협)를 동료들과 함께 지나갑니다. 무엇을 위해서 지나갈까요? "아무것도 저[오디세우스]에게 알려지지 않은 채 있지 않도록 하기 위해서"입니다. "여러분에게 남은 삶의 최후에 마지막으로 한 가지 일을 더 경험하는 것을 거절하지 마십시오. 과연 인간이 살지 않은 대륙을 우리가 볼 수 있을까요? 여러분은 가축처럼 살기 위해서가 아니라 명예와 지식을 얻기 위해서 삶을 살고 있는 것입니다."연옥煉獄의 산을 앞에 둔 남쪽 바다에서 오디세우스와 동료들에게 폭풍이 불어닥치고, 바다는 그들을 삼켜버립니다. 지옥에서 오디세우스가 단테에게 이야기를 해주기 전까지는 아무도 그것을 경험하지 못했습니다.

단테의 환상은 우리가 현재의 일을 생각해보게 합니다.

규모로 따지면 [오디세우스처럼] 남해로 항해하는 것은 오늘날에는 사소한 일처럼 보입니다. 1957년 최초의 인공위성인 소련의 스푸트니크가 우주 공간으로 보내졌습니다. 사람들은 감격의 도가니에 빠졌습니다. 얼마 지나지 않아 유인위성이 우주 비행사를 무사히 지상으로 귀환시켰을 때에는 그 감격이 한층 더 컸습니다. 몸소 우주에 다녀온 비행사는 이제껏 어떤 인간도 본 적이 없었던 것을 전해주었습니다.[2] 이제부터 인간이 우주를

---

2 1961년 4월 12일 소련의 우주비행사 유리 가가린Yurii Gagarin은 우주선 보스토크Vostok에 탑승해 인류 최초로 우주로 날아갔고, 우주에서 108분 동안 비행한 후 지구로 돌아왔습니다. 그는 자신이 우주에서 본 것을 다음과 같이 표현했습니다. "우주선을 타고 궤도를 돌면서 저는 우리의 행성이 얼마나 아름다운지 보았습니다. 여러분, 이 아름다움을 파괴할 것이 아니라 지키고, 더 아름답게 만듭시다!"

소유하리라고 사람들은 생각하게 되었습니다. 인간은 더 이상 지구에 매여 있지 않습니다. 지구는 인간에게 출발점에 불과합니다. 수천 년 전에 인간은 최초의 뗏목을 타고 물을 건너는 모험을 시도했습니다. 결국 인간은 지구를 한 바퀴 항해했습니다. 이제 인간은 최초의 뗏목과 같은 우주선을 타고 우주 공간으로 갑니다. 언젠가는 우주 공간이 우리 인간의 것이 될 날이 올 것입니다. 지금의 지구처럼 말이죠. 하지만 이런 추측은 믿을 수가 없습니다. 물론 인간은 이제까지보다 훨씬 더 발전할 수 있을 것입니다. 그렇다고 하더라도 인간의 육체는 궁극적인 제한에서 벗어나지 못합니다. 인간은 우주 공간이 아니라 우리의 태양계의 공간을 뚫고 들어갔을 뿐입니다. 인간은 결코 우주 공간에 발붙일 수 있을 정도로 가까이 갈 수는 없습니다. 우주의 척도로 보면 (켄타우루스자리 안에서) 가장 가까운 태양까지의 거리는 아주 밀접하다고 하는데도 빛의 속도로 4년은 가야 한다고 합니다. 우주 비행사가 이 거리를 극복하는 것은 현존하는 인간이 가지고 있는 생리적 조건으로는 불가능합니다. 이것은 불행이 아니라 한계입니다.

단테가 묘사한 오디세우스의 용감하고 오만한 지식욕은 근대의 시작을 의미했고 과학자와 발견자에게서 보였습니다. 지구의 정복은 인간 역사에 새롭고도 엄청난 국면을 열어주었습니다. 그러나 그 의미는 오늘날 스푸트니크로 인해 변해버렸습니다. 오늘날에는 한 등산가의 위험천만한 모험이 우주 비행사들의 모험보다도 훨씬 풍부한 내용을 담고 있습니다. 우주 비행 사들의 실망스런 보고서를 보면 그렇습니다. 여전히 우주 비행 에서는 기술의 완벽성만 중요할 뿐입니다. 이런 완벽성은 헛된 명성을 쌓을 뿐이고, 기술화되어버린 스포츠에서 최고 기록을 경신하는 것과 비슷합니다.

그런데 단테의 환상에서 볼 수 있는 원칙, 즉 인간이 오만한 지식욕과 능력 때문에 몰락한다는 원칙은 오늘날 새로운 형태로 실현되었습니다. 왜냐하면 기술의 실현으로 인류는 자멸할 수 있는 지점에까지 이르렀기 때문입니다.

9. 스스로를 넘어섬: 초월자

인간은 스스로를 넘어서서 전혀 다른 방향으로 나아가고 싶어 합니다. 더 이상 세계 안에서 앞으로 나아가는 것이 아니라 자신의 현재 자리에서 세계를 넘어서고 싶어 합니다. 더 이상 시간 안에서 멈추지 못한 채 늘 새로이 불안정하게 현존하는 것이 아니라 정반대의 방향으로, 즉 안정된 영원을 향해 나아가고 싶어 합니다. 시간 안에서 시간에 수직으로 말이죠.

인간에게 시간 안에서 안정적으로 지속하는 것은 허락되지 않습니다. 그런 안정은 시간의 종말을 뜻할 것입니다. 세계 안에서 안정된 순간은 완성된 채 머물러 있을 수 없습니다. 모든 것은 계속 나아갑니다. 완성된 순간이 인간에게 허락된다면 그 순간에 영원한 안정[평화]이 빛을 발할 것입니다. 그 순간은 우리 안에 숨겨진 고요함, 즉 시간 속으로 완전히 끌려 들어가버리지 않은 고요함에 대한 증거입니다.

이런 고요함은 초월자 안에 보존되어 있습니다. 초월자에 의해 우리가 우리와 같은 운명의 동반자와 함께 받아들여지는 데에 우리의 의미가 있습니다. 이런 안정을 가리키는 암어문이 신의 불변성입니다. 불변하는 신을 향해 인간은 자기 자신을 뛰어넘습니다. 인간은 이제 세계 안에서 점점 더 멀리 나아가는 것이 아니라 오히려 초월자를 향해 나아갑니다. 초월자는 우리가 알 수 없고, 그 이름조차 모르는 것입니다.

이런 충격을 아직 경험하지 않았고, "넘어섬"의 방향을 초월자 쪽으로 잡지 않은 인간은 아직 본래적인 자기 자신이 되지 못한 것입니다. 합리적으로 생각하며 그저 살아 있는 현존에 불과할 것이고, 그 현존에 얽매여 있을 것입니다. 이렇게 인간을 모욕하는 이미지에 맞서기 위해서 인간은 스스로를 "신을 관조하는 존재"라고 불렀습니다. 초월자와 관계를 맺을 때 비로소 인간은 스스로가 삶에 초연하고 자유롭다는 것을 깨닫습니다. 이런 초연함은 모든 국가와 모든 시대의 인간에게서 발견됩니다.

10. 용기와 희망

숙고하기 시작한 인간은 자신이 불확실한 상태에 있고, 내맡겨져 있다는 것을 깨닫습니다. 숨김없이 생각할 때 우리 인간은 용기를 필요로 합니다. 우리는 어둠 속으로 나아가야 합니다. 눈을 똑바로 뜨고, 숙고하는 자세를 잃지 않으면서 말이죠.

용기는 희망을 낳습니다. 희망이 없으면 삶도 없습니다. 살아서 현존하는 한 아직 최소한의 희망이 남아 있습니다. 그런데 희망은 용기의 힘에 의해서만 진정한 것이 됩니다.

[진정하지 않은] 희망은 현존이 좌절할 때 속임수로 밝혀집니다. 그래서 용기에 힘입은 희망은 과감하게 종말로 나아가려 하는 인간의 각오를 동반합니다.

희망은 살아서 현존할 때에만 의미가 있습니다. 희망은 시간을 넘어서지 못합니다. 하지만 시간 안에서 모든 희망이 사라진다면 어떻게 될까요? 저 각오는 어떤 대상이 아니라 자기 존재에 근거한 신뢰감입니다. 그런 신뢰감이 누구에게나 모든 순간에 허락되는 것은 아닙니다. 즉 불확실합니다. "[때가] 무르익는 것이 전부입니다"라고 셰익스피어는 [『리어왕』에서] 말했습니다.

그런 신뢰감이 생기지 않을 수도 있습니다. 저는 적나라한 현실을 견디지 못합니다. 신뢰감이 싹튼 사람은 너무 자신만만해서는 안 됩니다. 그 사람은 다른 사람들 사이에서 인간다움을 의식하면서 성실하게 남기를 원하고, 자신이 실패할 때 그들의 자비심을 간절히 바란다면 그들을 잊어서는 안 됩니다.

11. 인간의 품격

우리는 인간이 누구인가라는 물음에 결코 만족스럽게 답할 수 없다는 것을 보았습니다. 왜냐하면 인간이 무엇일 수 있는가라는 물음에 대한 답은 인간이 인간으로 존재하는 한 여전히 인간의 자유 안에 숨겨져 있기 때문입니다. 인간이 무엇인지는 인간 자유의 결과를 통해서 계속해서 드러날 것입니다. 살아 있는 한 인간은 언제나 자기 자신을 성취해야 하는 존재일 것입니다.

인간에 대해 묻는 사람은 하나뿐인 참되고 타당한 인간상을, 그리고 그런 인간 자체를 보고 싶어 합니다. 하지만 그러지 못합니다. 이렇게 규정될 수 없다는 데에 인간의 품격이 있습니다. 인간이 인간인 이유는 자신의 품격뿐만 아니라 다른 모든 사람의 품격도 인정하기 때문입니다. 이를 칸트가 지극히 간단하게 다음과 같이 말해주었습니다. '어떤 인간도 인간에 의해 한갓 수단으로 사용되어서는 안 됩니다. 모든 인간은 그 자체로 목적입니다.'

제2부 정치에 관해서

다섯 번째 강의: 정치 토론

"정치는 운명이다." 나폴레옹이 한 말입니다. 기술 시대에 전체에 대한 지배 체제가 형성된 뒤 이 말은 그 어느 때보다도 무서운 말이 되었습니다.

철학은 정치적이지 않은 것처럼 보일 때에도 항상 정치적 의미를 지녔습니다. 왜냐하면 철학을 할 때 사람은 자기 자신으로 돌아오기 때문입니다. 그로부터 사람은 자신의 삶을 다른 모든 사람과 함께 정치적으로 형성하고 판단할 수 있는 원동력을 얻게 됩니다.

오늘 저는 정치에 관한 일련의 강의를 시작하려고 합니다. 사전 논의를 위한 물음은 이렇습니다. 정치 토론의 자세는 어떤 것일까요?

1. 독일 정치 문제에 관한 정치 토론의 사례

토론할 때 사람들은 원하는 목표를 설명하고, 사실을 떠올립니다. 사람들은 반대하는 사람과 마주칩니다. 사람들은 설득을 시도합니다. 이런 토론에서 철학이 있을 때와 없을 때가 어떻게 다른지 실감할 수 있도록 저는 두 명의 독일인 A와 B가 나누는 가상의 대화를 사례로 골랐습니다.

A: 우리의 최고 목표는 신중한 계책을 꾸며 강대국과 함께 독일의 국경을 1937년도처럼 복구하는 일입니다.

B: 제가 볼 때 우리의 첫 번째 목표는 연방 공화국 안에서 아직도 매우 부족한 정치적 자유를 증진하는 일입니다. 우리 자신의 힘으로 할 수 있는 일은 그것뿐입니다. 이 자유는 우리가 처음으로 서양의 자유국과 연대하여 지구상에서 함께 존립하기 위한 기반입니다. 이런 체제 속에서, 그리고 이런 체제에 의해서만 우리는 동독에서 억압받는 우리 독일인의 자유도 마침내 보장하게 될 것입니다.

A: 당신은 망상에 빠져 있습니다. 당신은 있지도 않은 연대를 보고 있습니다. [1956년에 일어난] 수에즈전쟁 때 미국은 소련과 동맹하여 영국, 프랑스, 이스라엘 같은 자유국을 굴복시켰습니다.

B: 그렇게 끔찍한 사실을 당신은 더 이야기할 수도 있을 것입

니다.

하지만 당신이 원하는 것은 과연 덜 나쁜 망상일까요? 옛 독일 국경의 복구는 자력 정치로는 강행할 수 없습니다. 그러나 만일 세계정세가 중공 세력 때문에 소련과 서방세계의 동맹을 꼭 필요한 것으로 만든다면 소련의 위성국가들은 거의 저절로 자유를 얻게 될 것입니다. 오데르강과 나이세강을 국경선[제2차 세계대전 후 폴란드와 동독 사이의 국경선]으로 하고 있는 동독인도 그때 자유로워질 것입니다.

유일한 문제는 다음과 같습니다. 어느 망상이 더 나은 것일까요? 즉 어느 쪽의 망상에 더 많은 존립의 기회가 있을까요? 어쨌든 독일의 존립은 자유세계 안에서만 가능합니다. 제가 앞서 말씀드린 것처럼 독일의 존립을 위해 우리가 할 수 있는 일은 연방 공화국 안에서 정치적 자유를 실현하는 것입니다.

자, 당신은 우리가 해야 할 일이 무엇이라고 생각하나요?

A: 우리는 재통일에 대한 요구를 지속해서 반복해야 합니다. 우리는 당연한 권리를 지킬 뿐입니다. 역사는 불가능해 보이는 일이 실현될 수 있음을 증명해주는 근거입니다. 이미 세계가 무관심할 수 없을 정도로 우리는 다시 강해졌습니다.

B: 그러나 우리 자신의 국가 안에서 우리의 정치적 상태는 실제로 어떻습니까? 경제 덕분에 넓은 범위의 사람들이 잘 지내고 있는 만큼 그들의 정치적 관심은 무섭게 줄어들고 있습니다. 우리는 몇몇 스스로 나선 거대 정당의 지배를 받습니다. 선거

때에만 정당은 아랫사람[국민]을 위합니다. 투표는 국민의 유일한 정치적 행위이지만 정신없이 치러집니다. 근본적으로 볼 때 투표는 몇몇 정당이 지배하는 현행 구조에 대하여 동의하는 박수에 불과합니다. 정치적 이념을 가진 정당이 없습니다. 어떤 정당도 국내의 정치적 자유와 정신적 자유를 위해 그리고 국민 스스로의 정치적 성숙을 위해 힘쓰고 있지 않습니다.

그러나 [1919년에 수립되었다가 1933년에 소멸한] 바이마르공화국 때와는 사정이 완전히 다릅니다. 오늘날의 혼란스러움은 당분간 위험해 보이지 않을 것입니다. 왜냐하면 미국 덕분에 국가와 정부가 외침外侵과 내란으로부터 보호받고 있기 때문입니다. 이는 강화조약으로 우리의 주권이 제한된 결과입니다. 그러니까 정부는 국제적으로나 국내적으로 제대로 책임을 져본 적이 없는 것입니다. 현실의 시험을 겪어보지 않았기 때문입니다. 어떤 일도 일어날 수 없습니다. 이는 무기력한 안정성을 조성한 기본법[독일 헌법]의 결과입니다.

A: 그러니까 우리는 그렇게 안전하게 살고 있군요. 그것은 어쨌든 좋은 일입니다.

B: 그렇게도 보입니다. 그러나 대체로 이와 같은 상태는 곧 닥칠 세계적 재앙의 상황 속에서 우리가 취할 태도를 준비하는 것이기도 합니다. 그때가 되면 드러날 것입니다. 우리가 정치적 자유를 알고 있는지, 그때까지 [히틀러가 집권한] 1933년에 잃어버린 품격을 되찾았는지, 자유를 지키기 위해 꼭 필요하고도 명

예로운 결단을 내리고 있는지, 또는 치욕스럽고 정치적 어리석음으로 얼룩진 해였던 저 1933년도와 똑같은 태도를 보이는지 말이죠. 다만 모든 것이 전혀 다를 것입니다.

A: 그러면 당신은 이미 위험을 예견하고 있나요?

B: 그렇습니다. 예컨대 소련이 무력을 행사할 경우 미국이 핵우산을 제공할지는 더 이상 이전처럼 절대적으로 확실하지 않습니다. 이미 미국은 소련의 공격에 즉각적으로 대응하기를 원하지 않습니다. 핵전쟁에 의한 몰락의 위험 앞에서도 미국은 가장 먼저 자국의 안전을 생각할 것처럼 보입니다.

A: 미국의 그런 태도는 우리가 바꿀 수 없습니다. 그렇다고 해도 오늘날 주지하다시피 그런 위험은 긴장이 크게 완화되면서 모두 지나간 문제가 되었습니다.

B: 긴장 완화에 대해서는 이야기하지 맙시다. 지금 당장은 사실상 안정적이고, 베를린도 위태롭지 않은 것처럼 보이기 때문에 사람들은 긴장이 완화되었다고 믿고 있습니다. 이는 확실히 [소련 공산당 서기장] 흐루쇼프가 거둔 큰 성공입니다. 그는 서방 세계를 내적 경쟁과 투쟁에 휘말리게 하여 저절로 약해지게 만들었고, 본인에게 필요한 숨 돌릴 틈을 얻었습니다.

그러나 장기적인 안목으로 볼 때 우리 정치에서 중요한 것은 미국과의 동맹을 튼튼하고 믿을 만한 것으로 만들 커다란 변화를 일으키는 것입니다. 이런 변화는 가능할 것입니다.

A: 도대체 어떻게 가능할까요?

B: 그것은 오직 완전한 연대에 의해서만 가능합니다. 우리는 우리의 국권을 요구하기보다는 미국이 주도권을 장악하고 있다는 사실을 인정해야 합니다. 나아가 우리는 우선 국내에서 실질적인 정치적 자유와 민주주의를 갖춰야 합니다. 다시 말해서 모든 국민이 정치적으로 함께 생각하고 행동하고, 언제 어디서나 정치적 자유가 중요하다는 것을 아는 국가를 만들어야 합니다. 우리는 합리적이고 설득력 있는 근거를 가지고 미국에 요구할 것입니다. 그러나 분쟁이 일어날 때 우리는 미국에 양보할 것입니다. 그렇게 하다 보면 해가 지남에 따라 미국 쪽에서 우리 독일과 완전한 연대를 맺고 싶어 할 수도 있을 것입니다. 우리의 국경을 미국 자신의 국경으로 느끼고, "저는 베를린 사람입니다"라고 외친 케네디의 꿈도 실현할 수 있게 될 것입니다.[1] 미국은 우리를 신뢰할 수 있고, 우리는 미국을 신뢰할 수 있습

---

1 1963년 6월 26일에 존 F. 케네디 미국 대통령은 서베를린에서 연설을 했습니다. 이는 케네디가 한 연설 중 최고로 꼽힌다고 합니다. 그 연설 중에 이런 구절이 있습니다. "2000년 전 최고의 자랑은 '저는 로마 시민입니다'라는 말이었습니다. 오늘날 자유세계에서 최고의 자랑은 '저는 베를린 시민입니다!'라는 말일 것입니다. 모든 자유민은 어디에 살든지 간에 베를린의 시민입니다. 그러므로 자유민으로서 저도 '저는 베를린 시민입니다!'라는 말이 자랑스럽습니다." 이 구절에서 케네디는 "저는 로마 시민입니다civis romanus sum"는 라틴어로, "저는 베를린 시민입니다Ich bin ein Berliner"는 독일어로 말했습니다. 이 연설은 동독의 침략을 두려워하던 서베를린 시민을 위한 격려였고, 동독 및 소련에 맞서 서베를린을 지키겠다는 선언이었습니다.

니다. 이것은 물론 하나의 가능성에 불과하지만, 우리의 존립을 위한 유일한 가능성입니다.

A: 정말 터무니없는 소리를 하는군요! 당신은 우리가 그야말로 미국에 복종하는 위성국가가 되기를 원하는군요.

B: 예전에 [네덜란드와 독일의 북해 연안 지방인] 프리슬란트의 7주州가 동맹을 맺고 네덜란드를 따랐을 때, 형식상 그것은 복종이 아니었습니다. 하지만 사실상으로는 복종이 아니었을까요? 이와 마찬가지로 우리가 정치적 자유를 위해 미국이나 그 밖의 다른 나라들과 함께 살면, 이것은 복종일까요? 자유를 전혀 모르거나 없애려고 하는 세계가 아마도 곧 우세해질 텐데, 그 세계에 대항하는 운명 공동체 안에서 사는 게 복종일까요? 우리의 복종은 비슷한 두 국가 간의 공동체를 뜻합니다. 미국과 독일이 더 합리적이고 더 자유로워질수록 양국은 그만큼 더 신뢰하며 만날 것입니다.

A: 당신의 말을 다 듣고 제가 느낀 것은 단 한 가지입니다. 당신은 독일인의 마음을 가지고 있지 않습니다. 당신에게는 독일인에게 있어야 할 애국심이 없습니다. 당신은 독일 사람이 아닙니다.

B: 당신은 제가 독일 사람이라는 것을 부정하려고 합니까? 저와 당신 중 누가 더 독일인처럼 생각하는지 경쟁해야 하나요? 혹시 제가 다음과 같은 것까지 물어야 하나요? 위대한 우리 조상의 요구를 누가 더 많이 듣고 있을까요? 독일의 비극적 운

명을 누가 더 많이 보고 견디고 있을까요? 그리고 정치와 정신의 변화를 위해 누가 더 많이 협력하고 싶어 할까요? 저는 이런 다툼을 원하지 않습니다.

A: 저도 마찬가지입니다. 그러나 이런 세계정세 속에서 우리가 무엇을 해야 한단 말입니까? 우리에게 일어날 일을 그저 기다리고만 있어야 할까요? 우리도 소련처럼 우리의 힘을 강화해야 합니다. 정치적으로는 우리가 포기할 수 없는 국권을 수호해야 합니다.

B: 첫 번째 사항에 대해서는 당신에게 동의합니다. 우리는 우리의 미래를 수동적으로 기다려서는 안 됩니다. 우리는 할 수 있는 데까지 우리의 힘을 강화해야 합니다. 그러나 두 번째 사항에 대해서는 당신에게 동의하지 않습니다. 당신은 정치적으로 자유로운 공동체의 존립보다 단일민족으로 이루어진 주권국가의 정치, 즉 민족주의적 과대망상의 정치를 우선시하고 있습니다.

A: 다른 유럽 국가들이 저마다 자국의 이익을 위해 행동하고, 공동 결정권이 아니라 자치권 및 거부권을 요구하니 우리도 역시 그만큼 더 국민국가의 입장에서 생각해야 합니다.

B: 다른 국가들이 자멸에 이르는 그릇된 길을 가고 있다는 것으로 당신은 자신의 그릇된 길이 정당함을 증명하고 싶은 것입니까?

당신의 생각에 맞서는 저의 근본 생각은 한결같습니다. 우리는 정치적 자유를 최우선시하는 국가들과 조건 없이 결합할 때에만 우리 자신을 구할 수 있습니다. 우리는 자유에 대한 의지에 근거해서 국내 정치를 통해 국가를 세우고 국내의 모든 정치적 행동을 평가합니다. 오로지 그 의지를 통해서만 우리는 스스로의 정치적 삶의 의미를 찾을 수 있습니다. 우리에게 덮쳐오는 재앙을 견뎌낼 만큼 높은 수준에서 말이죠. 이런 의미는 아무것도 모르고 편협하게 우리의 품격을 떨어뜨리면서 하루하루 계속 살아가는 데에 있지 않습니다.

만일 정치적 자유가 본래 무엇인지를 우리 모두가 알게 된다면 현재 몇몇 거대 정당이 지닌 권력은 정신적인 힘에 의해 변화할 것이고, 국민 스스로의, 특히 청년의 주도로 변화할 것입니다.

A: 19세기에 우리 정치의 위대함은 "우선 통일, 그다음에 자유"라는 외침에 근거를 두고 있었습니다. 오늘날에도 이 외침은 우리의 첫 번째 목표이자 최고의 목표입니다. 즉 적어도 1937년도의 국경을 기준으로 독일인의 국가를 통일해야 합니다.

B: "우선 통일, 그다음에 자유"라는 민족의 외침에 이미 그 당시에 맞섰던 것이 연방주의적인 자유사상이었습니다. 비스마르크는 중앙집권적 제국에 대한 사상을 가지고 승리한 뒤에 정치적 자유도 성취하려고 했지만 그 기회는 잡히지 않았습니다. 사람들은 가짜 입헌주의, 법치국가, 그 당시의 기적적인 경

제에 만족했습니다. 그 결과 정치적 책임감이 사라졌습니다. 무관심한 국민은 함께 생각하지 않는 아랫사람과 같았고, 정치적으로 어리석은 사람들이 되는대로 통치하게 되었습니다. 그리하여 대부분의 사람이 전혀 원하지 않은 1914년의 전쟁이 일어난 것입니다.

A: 당신의 판단은 부당합니다. 그것은 유럽의 국가들이 함께 맞닥뜨린 비극적 운명이었습니다. 국민국가의 통일 사상은 그 당시에도 지금도 당연히 모든 독일인의 기준이 되고 있습니다.

B: 우리는 갈림길 앞에 서 있습니다. 한쪽 길에서 경제적 수완과 연방군을 가지고 있는 독일인은 그저 자신에게 덮쳐오는 역사의 단순한 도구가 되어버릴 것입니다. 다른 한쪽 길에서 우리는 스스로 자신의 운명에 영향을 미칠 것입니다.

A: 우리가 국민국가를 단념하고 미국에 복종하면 연방군은 필요하지 않게 될 것입니다. 그러면 오로지 미국의 정치적 목적을 위해서만 연방군이 투입될 터인데, 이런 일은 당신도 원하지 않을 것입니다. 어쨌든 미국은 자국의 위험이 너무 크지 않을 때만 우리를 방어해줄 것입니다.

B: 거기에 대해서는 우리가 이미 말했습니다. 사실상 당신은 확실하게 대답할 수 없는 물음을 제기하고 있습니다. 당신의 물음은 부부 사이의 신뢰가 확실한지 묻는 것과 같습니다.

본래적인 물음은 오히려 이렇습니다. 어떤 길이 더 좋을까요? 신뢰에 기초하는 길일까요? 또는 자주적으로, 즉 홀로 남는 길일까요? 두 번째 길은 확실히 몰락에 이르는 것이고, 첫 번째 길은 고귀하고 성공할 수 있기는 하지만 확실한 것은 아닙니다. 고귀한 길의 경우 한쪽은 다른 한쪽이 없으면 유지되지 못합니다. 우리는 미국의 헤게모니 아래 모든 자유국의 파트너가 되어 살고 있습니다. 미국에 국제정치의 주권은 내주고 있지만 합리성에 근거한 공동 결정권을 내주지는 않습니다. 국내 정치의 주권은 말할 것도 없고요.

그러나 상황은 이렇습니다. 소련이 강력한 군사시설과 장비를 계속 유지하는 한, 또 아직은 예측할 수 없지만 미래에 강력해진 중공이 소련의 배후에서 나타나는 한 역시 이에 대응하는 군사력을 가진 국가만이 살아남을 수 있다는 것입니다. 자유세계에서 이런 군사력을 만들 수 있는 것은 단 하나의 지휘 아래 결집한 거대 공동체뿐입니다. 동맹만으로는 충분하지 않습니다. 자유국들 사이에는 일원화된 최고 명령과 국제정치가 꼭 필요합니다. 전체주의국가가 강제와 공포에 의해 수행하는 것을 자유세계는 자유롭게 수행해야 합니다. 그럴 수 없는 자유는 참된 자유가 아닐 것입니다. 자유가 상실된 것입니다.

가령 우리는 인도가 맞닥뜨릴 법한 운명을 경험하고 싶은 걸까요? 인도는 스스로의 중립과 부당한 주권 및 간디가 주장한 도덕성으로는 존립하기 어려울 것입니다. 일단 인도가 중공에 정복당하면, 인도의 거대한 대중과 공포정치에 의해 발전한 산업은 오랫동안 무력했던 중공의 대중과 함께 지구를 정복하는

데 투입될 것입니다. 중공의 군부가 지구의 주인이 될 것입니다. 아직 닥치지 않은 일이 우리에게 다가오도록 내버려두며 방관하고 싶습니까? 아니면 유럽 내부에서 하나로 결집한 자유의 힘과 함께하고 싶습니까? 자유의 힘은 거대한 대중을 공포정치로 획일화시키는 데에 맞서 존립할 수 있을 것입니다.

우리는 엉터리 연극을 계속하고 싶은 걸까요? 어지럽게 뛰어다니면서 때때로 싸우기까지 하는 자유로운 암탉과 뽐내기 좋아하는 어리석고 교만한 수탉의 무리, 즉 아무짝에도 쓸데없고 결국은 모두 도살되는 무리처럼 사는 연극 말입니다.

A: 당신은 망상에 빠졌습니다. 나는 현실 정치를 옹호합니다.

2. 이와 같은 토론을 보고 알 수 있는 것

A와 B의 대화를 보면서 우리는 무엇을 알았습니까?

토론에서는 근본적인 논의가 이루어지지 않는 것이 보통입니다. 사람들은 서로에게 근거가 빈약한 명제들을 던집니다. 사람들은 자주 주제를 바꿉니다. 명제들은 서로 관련이 없습니다. 사람들은 감정적으로 말합니다. 또다시 사람들은 제각기 딴소리를 합니다. 결론이 나지 않습니다. 사람들은 그저 멈추거나 중단합니다.

사람들이 이러는 이유는 무엇일까요? 그리고 어떻게 하면 보다 좋은 토론을 할 수 있을까요? 저는 몇 가지 이유를 언급하고 싶습니다.

a) 사람들은 사실에 대한 진술과 판단을 혼동하고 있습니다

토론이 잘되지 않는 첫 번째 이유는 사실에 대한 [객관적] 진술과 [주관적] 판단을 혼동하거나 잘못 동일시하는 데에 있습니다. 사실적인 것은 토론 중에 공통의 지식이 될 수 있을 것입니다. 그에 반해 스스로 목표를 세우려는 의지의 정당성은 어떤 지식에 의해서도 맞는 것으로 입증될 수 없습니다. 그러나 성실한 이성적 존재의 의지는 맹목적이지 않습니다. 따라서 의지는 토론하며 생각할수록 더 분명해질 수 있습니다.

그 경우에 토론은 크게 변화할 것입니다. 토론자들은 그들이 본래 원하는 것에 관해서 더욱 선명하게 알게 될 것입니다. 두 사람은 서로가 말한 것을 이른바 "궁극의 입장들"로 환원하고, "당신은 그 입장을 실제로 고수하기를 원합니까?"라고 물으면서 그 입장의 논리적 귀결을 보여주기를 시도하게 됩니다. 그리하여 함께 진리를 원하는 토론자들은 피할 수 없는 투쟁의 장소에 이를 수 있습니다. 그 장소에서는 진정한 힘들이 토론자들을 통해서 서로 마주 보게 됩니다. 그리고 거기서 자기 자신으로 존재하는 사람들은 극단적으로 대립하면서도 어쨌든 서로를 묶어주는 소통을 통해 연결될 수 있습니다. 왜냐하면 그들은 자신들을 대립하도록 몰아붙이는 힘들에 완전히 복종한 것이 아니기 때문입니다. 그들은 한마음으로 투쟁의 광장이 되려고

합니다. 이 광장에서 그들은 사람답게 자신들의 투쟁을 넘어서서 서로 고귀한 기사답게 만날 것입니다. 이런 역사적 상황에서 서로를 상대자로서 만날 수밖에 없게 하는 아우름 안에서 그들은 한마음이 됩니다.

이처럼 좋은 토론을 위한 전제는 다음 다섯 가지입니다. 토론하고 있는 두 사람은 알고 싶어 합니다. 증명할 수 있는 사실과 모순을 인정합니다. 서로 경청합니다. 두 사람은 얼버무리려 하지 않습니다. 그리고 대립하는 가운데 그들의 궁극적인 목표들이 드러나기를 원합니다.

b) 견해들이 동등한 권리를 가질 것을 요구합니다

토론이 잘되지 않는 두 번째 이유는 두 토론자의 견해가 동등한 권리를 가지기 때문입니다.

물론 토론할 때는 형식적으로 마치 동등함이 있는 것처럼 해야 합니다. 이때 우리는 서로를 이성적 존재로 인정합니다. 그러나 자의적인 견해도 견해라는 이유로 동등한 권리를 가져야 하는 것은 결코 아닙니다. 이렇게 동등한 권리가 적용되는 범위는 견해가 펼쳐지고 변화하는 성공적인 토론에서 비로소 드러나게 됩니다.

사람들이 "충분히 신뢰하면서" 다양한 견해를 가질 수 있는 경우는 토론 상대자의 근거를 시험 삼아 따라가볼 준비가 되어 있을 때뿐입니다. 좋은 상대자는 자신의 상대방을 정신적으로

도와줍니다. 이런 도움을 방해하는 것이 있습니다. 무조건 자신의 이익만 추구하고, 고집을 부리고, 어리석은 편견에 사로잡혀 있는 것입니다. 이때 사람들은 더 이상 경청하거나 응답하지 않습니다.

[자신의 견해를] 진정으로 믿으면서 [상대방의 견해를] 반박할 경우 얘기는 달라집니다. 왜냐하면 이렇게 믿는 사람은 스스로를 거리낌 없이 보여주며 표현하고 싶어 하기 때문입니다. 그 사람은 그저 무감각하게 살아가거나 무분별하지 않습니다. 그의 지성은 궤변을 늘어놓는 수단이 아닙니다. 오히려 그 사람은 스스로 진리를 원하고, 그래서 세계 안에서 여러 힘이 서로 실존의 차원에서 마주치는 것을 경험할 수밖에 없습니다. 그 힘들은 세계 안에서 홀로 효력을 가질 수 없고, 같은 사람 안에서 함께 작용할 수도 없습니다. 그것들은 멈추지 않는 투쟁을 할 때 비로소 동등한 권리를 갖게 됩니다.

c) 미래에 관한 전망은 비좁거나 비현실적입니다

세 번째로 정치 토론은 미래에 관한 전망이 비좁기 때문에, 또는 그 전망이 비현실적이기 때문에 잘되기 어렵습니다.

일어날 법한 일을 정확하게 규정할 수는 없습니다. 일어날 수 있는 일과 일어날 법한 일은 예측할 수 없습니다. 사람들은 가능한 기회들을 따져봅니다. 사람들은 끝없이 달라지는 순간의 소음보다 더 느리게 변화하는 주요 흐름을 간단히 보고 싶어

할 것입니다. 사람들은 희망적인 생각의 이미지에 사로잡혀 있습니다.

핵심은 미래가 대체로 역사 전체의 필연적인 흐름이 아니라는 것입니다. 우리는 미래를 알고 우리에게 유리한 방향으로 바꾸고자 합니다. 우리는 우리가 직접 함께 만들어내는 것을 예견하려고 합니다. 미래를 규정하는 사실과 미래의 조건 및 가능성은 결코 완전하게 인식될 수 없습니다. 우리에게는 이것들을 알아볼 책임이 있습니다. 그렇게 알아보고 나면 우리는 스스로가 세운 목표에 대해서도 가장 분명하게 책임질 수 있게 됩니다.

그러나 이런 인식과 책임의 범위 안에서 우리가 알고 있는 것은 미래를 결정하는 사건, 특히 윤리와 믿음의 창조적 충동이 여전히 우리의 시야 바깥에 있다는 것입니다. 예견 불가능성이 역사의 본질적 특징입니다. 하지만 [미래를] 기대하거나 심지어 계산할 때 우리는 이런 특징을 고려하지 않습니다.

미래가 불안정하고 불확실하므로 정치 토론의 내용은 더 중요해집니다. 정치 토론은 현재 알 수 있는 사실로 눈을 돌릴 것을 강요합니다. 그 사실 안에서 피어나는 미래의 싹은 뚜렷하게 보는 사람에게 알려질 것입니다.

3. 정치 토론에서 철학적 숙고가 가지는 의의

이제 결론을 내리겠습니다! 정치 토론은 무엇을 위한 것일까요? 정치 토론은 우리가 스스로 정치적으로 성숙해지는 데에 도움이 되는 것이자, 행동을 위한 준비 단계입니다. 그러므로 정치 토론은 국민의 정치적 삶의 장소입니다. 그렇지 않으면 그 것은 잡담일 것입니다. 또 심리학의 대상일 것이고, 따라서 정치 공학적 입장에서 조작할 수 있는 대상이 될 뿐입니다.

이때 철학적 숙고는 무엇을 뜻할까요? 철학적 숙고는 토론을 보다 뚜렷하게 만듭니다. 왜냐하면 철학적 숙고는 원칙과 목표를 설명하기 때문입니다. 큰 문제들과 본질적인 것의 서열을 나타내기 때문입니다. 또 철학적 숙고는 인류의 운명을 응시하기 때문입니다. "우리는 무엇을 위해 사는가?"라는 물음에 정치적인 것을 포함하기 때문입니다.

여섯 번째 강의: 인간의 정치적 성장

1. 정치의 두 극단

정치는 두 극단 사이에 위치합니다. 한쪽 끝에는 폭력의 가능성이 있고, 다른 한쪽 끝에는 자유로운 공존이 있습니다.

폭력을 막으려면 폭력에 폭력으로 맞설 필요가 있습니다. 다른 사람들의 노예가 되거나 몰락할 준비가 된 것이 아니라면 말이죠. 자유로운 공존은 제도와 법률로 공동체를 만들어냅니다. 폭력[힘] 정치와 협의 정치는 본성상 서로 대립합니다. 두 종류의 정치가 결합하여 현실 정치를 이룹니다. 적어도 오늘날까지는 그랬고, 먼 장래에도 그럴 것입니다.

사람들은 국제정치와 국내 정치를 구별합니다. 어떤 정치가 우선할지는 한 나라가 다른 나라를 상대하며 처해 있는 상황에 따라 결정됩니다. 그러나 두 종류의 정치형태는 섞일 수 있습니다. 국제정치의 기원은 폭력 정치입니다. 폭력 정치에서는 모든 논의가 책략이 됩니다. 그렇지만 국제정치는 조약과 국제법에 의해 크게 변하고 있고 이제는 폭력을 배제하려고까지 합니다. 그와 반대로 국내 정치가 국제정치의 특징들을 띠게 됩니다. 정치꾼들은 투쟁 과정에서 책략과 거짓말을 사용하고, 지나치게 비밀을 감추고, 부당한 것을 강요합니다. 그리하여 내란이 일어나거나 한쪽이 다른 한쪽에게 복종하여 스스로 아랫사람이 되기에 이릅니다.

정치권력이 폭력에 의한 권력과 다르지 않다고 믿는 것은 착각입니다. 위대한 역사적 사건들은 우리에게 폭력을 수반하지 않은 행동과 권력에 대해서 가르쳐줍니다. 이와 상반되는 착각은 정치란 오직 자유 공동체를 건립하는 것일 뿐이고, 폭력은 정치에 어긋나는 변칙이라고 믿는 것입니다. 이런 믿음은 폭력이 항상 정치의 경계와 배경으로 남아 있었다는 사실과 어긋나는 것입니다. 이런 사실이 모든 사람의 의식에서 거의 잊힌 적이 있었습니다. 가령 1914년 이전, 유럽이 안전했던 시절이 그랬습니다. 그럴 때면 곧바로 폭력은 그만큼 더 과격하게 터져 나왔고, 그 어둠의 위엄을 보여주었습니다.

2. 정치적 인간의 모습

정치의 역사를 보면 무섭습니다. 인간이 악마처럼 보입니다.

지배하고, 폭력을 행사하고, 죽이고, 괴롭히고, 박해하려는 충동은 원시시대부터 지금까지 변함없이 있어왔습니다. 아마 얼마 동안은 이런 충동이 은폐되고 억제된 것처럼 보일 수도 있습니다. 이는 착각입니다.

그런데도 인간은 누구든지 함께 살아가야 합니다. 이것이 인간적인 삶의 전제 조건입니다. 처음부터 인간들은 공동체를 이루고 살았습니다. 그들은 공동체 안에서 서로를 도왔습니다. 공동체를 통해 그들은 외부의 적으로부터 스스로를 방어했고, 또 그들 가운데 몇몇은 정복하러 갔고 약탈을 했습니다.

인간의 폭력성과 우둔한 고집을 보면 사람들은 인간이 떼도둑이 되지 않은 것이 기적이라며 놀랄 것입니다. 인간은 질서가 있는 정치적 상태와 법치국가를 만들 수 있었고, 시민 공동체를 이뤘습니다. 이렇게 할 수 있었던 인간의 강력한 힘은 다른 기원을 가져야 할 것입니다.

인간의 모든 질서는 앞서 말한 폭력적인 권력에서 벗어날 수 없습니다. 그래서 질서에는 항상 부당한 측면이 있고 개선이 필요합니다. 더 나아가 질서는 역사 속에서 지속해서 변하는 삶의 조건에 맞춰 변해야 합니다. 우리는 세계를 바로잡을 수 없으므로 변함없이 지속하게 만들 수도 없습니다. 인간은 완성에 도달하지 못합니다. 칸트의 완곡한 표현을 빌리면 많이 휜 나무를 깎아서 완전히 곧은 것을 만들 수는 없습니다.

한쪽에는 혼란스러운 삶이 있습니다. 다른 한쪽에는 근본을 세우고 질서를 잡는 근원들이 있습니다. 양쪽은 서로 투쟁하면서 역사를 만들어갑니다.

3. 위대한 정치가

그러므로 정치는 세계에서 공존하며 살아갈 때 가장 중요한 문제가 됩니다. 정치가들은 실제로 권력을 가지고 있고 공동체의 운명을 좌우하기 때문에 높은 명성을 얻습니다. 개인과 국민은 정치가들에게 감사하거나 그들을 원망합니다. 정치가들은 무서운 존재가 되어갑니다. 재앙이나 파괴를 초래할 때도 그들은 잊히지 않습니다. 한 사람의 특성과 그 사람의 정치적 생각의 특성은 그 사람의 마음이 역사 속 어떤 정치가에게 기울고 그 사람이 어떤 정치가를 위대하게 보는지에 따라서 정해집니다.

우리는 자유에 수반하는 책임을 알고 있는 정치가에게서 위대한 정치가의 면모를 봅니다.

가령 카이사르의 신들린 호랑이처럼 강력하고 무서운 영광에는 정치가의 위대한 면모가 없었고, 히틀러처럼 권력의 형세를 정확히 느끼는 교활한 벌레의 살인적인 폭력에도 그런 면모가 전혀 없었습니다. 카이사르에게 복종하던 국민 가운데서 다시 한번 위대한 국민이, 즉 자유를 위해 카이사르를 살해한 대적자가 생겨났습니다. 히틀러는 우리, 즉 우리 국민과 모든 개인을 모욕했습니다. 그를 따른 사람들이 당한 모욕이 가장 심했습니다. 그런데 아무도 정치적 자유를 바라는 순수한 마음으로 그를 제거하지 못했습니다.

그러나 가령 솔론이나 페리클레스처럼 위대한 정치가의 경우, 자유에 수반하는 책임은 앞에서 말한 두 극단 사이에 있습니다. 한쪽 끝에는 폭력이 있고, 다른 한쪽 끝에는 비폭력적이며 이성적인 자유가 있습니다. 폭력에 의해 존립하기 위해서는 책략과 거짓말이 필요합니다. 그에 반해 이성은 개방성과 진실성 그리고 신뢰할 수 있는 계약을 필요로 합니다. 폭력에 의한 존립은 국력을 기르기 위해 행한 정치적 행위의 실제 결과에 대한 책임을 필요로 합니다. 이성은 인간의 초超정치적 과제에 도움이 될 성공과 폭력 및 권력에만 동의하는 도덕적 소신을 필요로 합니다.

단순히 정치적 존립을 중시하는 관점에서 보면 위대한 정치가는 책임감이 없는 사람처럼 보일 수 있습니다. 왜냐하면 그는 성공도 권력도 그것이 자신의 소신을 굽히는 대가로 주어진다면 즉각 포기하기 때문입니다. 다음과 같은 물음에 근본적인 답은 없습니다. 결과에 대한 책임을 지는 것에 소신이 어떻게 포함될까요? 즉 책임지는 것 자체가 어떻게 소신이 될까요? 그 방법은 역사의 순간마다 한 번뿐인 결단으로 정해집니다. 타협으로 정해지는 것이 아닙니다.

이런 긴장이 없는 정치꾼은 저속합니다. 정치꾼은 그때 마침

저항이 거의 없고 당장 크게 성공할 것처럼 보이는 일을 행합니다. 위대한 정치가는 긴장을 유지하며 자국민과 자기 자신을 고귀한 인류가 되게 하는 존립[자기주장]의 행동을 발견하고, 자신이 끝까지 짊어질 각오가 되어 있는 일을 행합니다. 위대한 정치가는 이른바 현실 정치나 기회주의에 복종할 수 없습니다. 자기가 봉사하고 있는 국가 공동체를 혐오스러운 행동을 통해 도덕적으로 무너뜨리기를 원하지 않습니다. 그 행동이 당장 크게 성공할 것처럼 보여도 말이죠. 또한 위대한 정치가는 자신의 행위로 국가의 시민을 성숙시킵니다. 정치가는 자신의 정치적·도덕적 양심상 자국민의 이익과 품격에 어긋나게 일어난 일에 대해 책임질 수 없다면 권력의 자리를 떠날 수도 있습니다.

4. 정치적 자유의 길

정치의 목적은 한 문장으로 이렇게 표현할 수 있습니다. 인간은 정치적 자유와 더불어 인간다운 인간이 되고, 자국 안에서 자유로우면서 동시에 국제적으로 존립하는 인간이 됩니다.

정치에 앞서는 초정치적 물음은 이렇습니다. 우리가 스스로의 정치를 근본적으로 긍정할 수 있으려면 정치는 어떤 모습이어야 할까요? 이 물음에 대해서는 제가 앞에서 한 문장으로 답했습니다. 오직 정치적 자유만이 우리를 온전한 인간이 되게 할 수 있습니다.

법이 힘을 발휘하고 개인이 자유롭기 위해서는 정치를 통해 폭력이 제어되어야 합니다. 개인의 자유의 유일한 한계는 개인의 자유가 다른 사람들의 자유와 공존할 수 있어야 한다는 것뿐입니다.

정치는 협의와 조약을 통해서, 그리고 합법적으로 형성된 공동체의 의지를 통해서 폭력을 억제하려고 합니다. 이러한 억제를 위해서는 그에 맞는 정치가들이 필요합니다. 그들은 독재를 원하지 않습니다. 왜냐하면 그들은 노예의 영혼을 지배할 마음이 없기 때문입니다. 그 정치가들은 오직 그들이 위임받은 기간에만 권력을 행사하기를 원합니다. 그것도 그들이 국민의 신임을 받는 한에서, 즉 아랫사람이 아니라 시민의 신임을 받는 한에서만 그렇습니다. 그들은 이런 신임을 받지 못하면 곧바로 권력을 포기합니다. 이런 정치가들은 폭력을 싫어합니다. 그들은 참된 의미에서 선전宣傳하는 정치가, 즉 국민을 정치로 이끄는 교육자입니다.[1] 그들은 국민이 무엇을 진정으로 원하는지 구체적 상황에서 사실과 근거를 통해 국민에게 말해줍니다. 그리하여 시민들은 스스로 검토하면서 자신들이 지닌 고유한 판단력

---

1 "선전하는 정치가"로 번역한 독일어는 Demagoge입니다. 이 단어의 유래가 되는 고대 그리스어 데마고고스δημαγωγός는 "국민"을 뜻하는 데모스δῆμος와 "이끄는 사람"을 뜻하는 아가고스ἀγαγός로 이루어져 있습니다. 야스퍼스가 참된 의미의 선전하는 정치가라고 말할 때는 고대 그리스어의 원래 의미를 염두에 둔 것입니다.

을 기억해서 알아보고, 결단을 내리도록 격려를 받습니다. 그들의 말과 행위는 수천 년 후에도 여전히 기억됩니다.

5. 정치적 자유의 역사성

정치적 자유는 무無에서 생겨난 것이 아닙니다. 역사상 최초의 자유는 정치적 자유가 아니었고, 삶의 자유였습니다. 이는 자유를 원하는 의지였고, 많은 의무로 채워졌습니다. 최초의 자유는 공허하지 않았고, 오히려 공동체의 삶에서 전승된 핵심적인 내용을 보존하고 있었습니다. 그래도 자유는 아직 자기 자신을 전혀 깨닫지 못하고 있었습니다. 이런 자유가 어디서부터 왔는지는 알 수 없는 신비입니다. 어떤 인종이나 국민의 재능에 대해서 말하는 것은 무의미하고, 동시에 자유의 위대함에 대한 모욕입니다.

그리스의 폴리스에서 자유의 전제 조건이 되었던 것은 호메로스와 [그리스철학의 발상지인] 이오니아의 사람들로부터 이어져온 자유에 대한 그리스의 의지였습니다. 그 자유는 뛰어난 솔론 덕분에 첫 번째 정점에 이르렀고, 페르시아전쟁을 통해서, 그리고 그 전쟁의 결과로 완성되었습니다. 스위스의 자유로운 농민의 삶은 13세기에 [오늘날 스위스의 전신인] 서약 동맹체를 결성하기 위한 전제 조건이었습니다. 동맹체의 헌장은 간단하고 훌륭한 원칙들로 이루어졌습니다. 동맹체는 국내에 자유를 가져왔고, 동시에 외압에 맞설 때 어떤 희생도 감수할 각오 역시 지니고 있었습니다. 미국의 자유는 [1620년 미국의 뉴잉글랜드에 처음 이주한 청도교인들인] 필그림파더스의 신념과, 많은 공동체에서 펼쳐진 미국적 삶의 소신에 근거한 것이었습니다. 영국에 저항한 혁명에서 승리를 거둠과 동시에 국내 헌법이 제정되었는데, 먼저 각 주의 헌법이, 그다음에 연방헌법이 제정되었습니다. 나중에야 비로소 [혁명] 전체의 의미에 관한 모든 학설이 곳곳에서 제기되었습니다. 그 학설에서 건국자들과 후예들은 자신들이 지키려 했던 것을 확인했습니다.

칸트는 말했습니다. 근대의 역사에서 가장 중대한 사건들은 스위스, 네덜란드, 영국에서 일어난 자유를 위한 투쟁들이었다고 말이죠. 그 정신으로부터 미국의 자유를 위한 투쟁이 탄생했고, 이는 새로운 근원이 되었습니다. 이렇게 자유를 위해 투쟁한 모든 사람의 용기, 높은 열의, 절도, 신중함은 기적과도 같았습니다. 또 독립을 맞이한 그들은 자신들이 가진 힘 덕분에 단순한 힘에 복종하는 대중보다 뛰어날 수 있었습니다. 즉 대중보다 더 현명했고, 더 헌신할 자세가 되어 있었습니다.

매번 잠깐이긴 했지만 이처럼 신뢰할 수 있는 정치적 자유가 존재했고, 이는 그 후예인 우리에게 항상 용기를 주는 모범이 되고 있습니다.

6. 자유와 몰락?

무서운 사실은 자유 자체에 몰락의 근거가 들어 있다는 것입니다.

위대한 정치가들은 교육을 받은 자유로운 사람들로부터 세대마다 늘 새롭게 나타납니다. 그들이 없었다면 정치적 자유의 세계는 몰락했을 것입니다. 그들은 자유를 쟁취할 기회가 주어질 때마다 최선을 다해 자유를 위해 투쟁합니다. 위대한 정치가들은 위험을 알고 있습니다. 그들의 모험은 가치가 있습니다. 왜냐하면 그 모험은 인간의 삶에서 가장 좋은 것을 구하기 위한 것이기 때문입니다. 위대한 정치가들은 용기와 판단력 그리고 인내심을 가지고 있습니다. 그들에게는 사람들이 페리클레스에 대해 했던 말이 그대로 적용됩니다. 페리클레스가 아테네의 지도자가 된 뒤로 사람들은 그가 웃는 모습을 보지 못했다고 합니다.[2]

정치꾼들은 다릅니다. 그들은 기회주의적인 현실주의자이고, 사업가이고, 교활한 책략가이자 협박꾼입니다. 그들은 자유의 이름 아래 자유의 조건에 어긋나는 행동을 거리낌 없이 행

---

2 페리클레스가 웃지 않았다는 말은 그가 우울했음을 뜻하는 것 같습니다. 이런 우울은 정치적 무능력 때문이 아니며 오히려 탁월한 정치력의 신호입니다. 이에 대해서 아리스토텔레스도 『문제들Προβλήματα』에서 다음과 같이 물었다고 합니다. "철학, 정치, 시 또는 예술 방면에서 뛰어난 사람들이 모두 우울한 이유는 무엇일까요?"

합니다. 그것이 탄로가 나면 그들은 거짓말과 기지로 빠져나갑니다. 그들은 의회를 조롱하는 태도를 보입니다. 의회는 그런 그들의 태도를 거의 알아채지 못하고, 그렇게 정치의 정신을 모독하는 정치꾼들을 권력의 자리에서 물러나게 할 생각도 안 합니다. 그들은 감상적인 문구로 진지함을 가장합니다. 그들은 자유를 침해합니다.

이와 같은 유형의 정치꾼들은 아무 소명 의식 없이, 자신들의 임무를 하나의 직업으로 간주합니다. 여러모로 장래가 약속되어 있고, 좋은 수입과 연금이 딸린 직업으로 말이죠. 그들은 그 직업이 위험하지 않다고 여깁니다. 그들은 무책임하게 생각합니다. 그래서 그들은 위기가 닥치면 자신들을 보호해주거나 적어도 살려줄 것으로 추정되는 권력에 정신없이 복종합니다. 마치 1933년에 그랬던 것처럼 말이죠. 그때 히틀러와 괴벨스는 정치꾼들을 조롱하는 연설을 통해서 그들을 완전히 무릎 꿇게 만들고 잔뜩 경멸했습니다. 이런 경멸은 정치꾼과 [바이마르]공화국에는 거의 최고의 모욕이었지만 가장 마땅한 것이기도 했습니다.

자유세계의 정신은 애매한 모습을 보여줍니다. 우리 자유 국민은 여전히 진정한 정치적 자유를 누리지 못합니다. 경제적 번영, 그럭저럭 버티기, 단순한 흥분은 자유와 아무 상관이 없습니다. 안목이 뛰어난 사람들의 귀족정치는 약해지고 있습니다. 책임의 분담은 책임의 상실을 낳습니다. 민주주의는 몇몇 정당이 지배하는 정치가 되어버립니다. 문화라고 불렸던 것은 문학 사교 모임의 거품이 되어버립니다. 정신은 그 진지함을 상실합니다.

따라서 국민은 자신에게 드리운 무서운 위협을 실감하지 못하고 있습니다. 기껏해야 국민은 다시 상황이 좋아지면 빠르게 잊힐 불안을 한번 느낄 뿐입니다. 곧 자국과 지구상에서 인간의 자유가 어떻게 될지는 거의 아무도 느끼지 못합니다.

7. 자유의 자멸

대중과 지식인이 똑같이 토대를 잃어버리고 전체주의적 지배 체제의 대상이 되어버리면 번영 속에서 견고해 보이는 현재의 상태가 급변할 수 있습니다. 자유를 더 이상 이해하지 못하고 피상적으로만 받아들이는 사람들은 허무하고 믿음이 없는 세계에서 "자발적으로" 노예가 됩니다. 얼마 후에는 그 피상적인 자유마저 상실하게 될 것입니다. 이는 수십 년 전 독일이 매우 소란한 정신과 정치적 움직임 속에서 스스로 자유의 무덤을 판 것과 같습니다. 그때 외국에 의해 운 좋게 구조된 서독이 오늘날 국내에서 다시 한번 자유를 상실할 수도 있을 것 같습니다. 그런데 서방세계 전부가 동일한 위험에 처해 있는 것은 아닐까요?

8. 자유에 대한 이의 제기: 역사적 현실, 지나친 요구를 받는 인간

자유를 위협하는 시대의 징후를 바라볼 때, 자유의 가능성에 제기된 근본적인 이의는 매우 유혹적입니다.

정치적 자유는 유토피아적인 것이 아닐까요? 서양에서 정치적 자유란 고대 그리스 시절부터 소수의 사람이 지켰던 소신에 불과한 것이 아닐까요? 그리고 서양인 대부분과 이 자유를 보지 못한 다른 인류가 실제로는 정치적 자유를 거부한 것이 아닐까요?

정치적 자유를 전혀 알지도 나타내지도 못했던 사람들이 초월적인 것에 대해 생각하고 문학작품과 예술 작품을 만들면서 심오함을 경험했습니다. 그 심오함은 우리에게 놀라운 방식으로 말을 걸어옵니다. 저는 그런 사람들이 있었다는 것을 부인하고 싶지 않습니다. 저는 또 중국과 인도 그리고 수메르인들 이래로 있었던 가장 오래된 문명의 지배자들이 위대함을 지녔다는 것을 부인하고 싶지도 않습니다. 그럼에도 불구하고 거기에는 우리에게 낯선 느낌을 주는 어떤 것이 곳곳에 있습니다. 우리가 그들에게 내면적으로 매우 가깝게 다가갔을 때도 말이죠. 우리의 성스러운 중세 시대에도 우리는 위대한 인물들과 만납니다. 그들은 스스로의 위대함을 알지 못했고, 그래서 더욱더 강력한 인상을 줍니다. 그러나 그들과 우리 사이에는 낯선 느낌

속에 경험된 무서운 구렁텅이가 있습니다. 그들은 우리가 정치적 자유를 원해서 얻어낸 곳에서, 또는 고통스러울 정도로 그리워하는 곳에서 비로소 만나게 될 그런 인물들이 결코 아닙니다.

우리는 역사를 자유의 진보 과정으로 보며 자유를 기대할 수도 없습니다. 서양에는 유대인들과 그리스인들의 전통, 폴리스와 로마 공화국의 전통, 중세 시대의 도시와 자유로운 농민의 전통 안에 정치적 자유를 위한 강력한 조항들이 있었습니다. 오늘날은 그 전통들에 따라 과거에 한 번은 자유로웠던 지역들에 정치적 자유를 위한 강력한 조항들이 있습니다. 그 조항들은 자유롭지 못한 인간으로 살아가는 압도적 다수의 대중으로부터 나타났기 때문에 항상 놀랍고, 한없이 소중하고, 항상 최고로 위태로운 것이었습니다.

정치적 자유는 오직 작은 범위 안에서만 나타났습니다. 자유는 10세기부터 13세기까지의 아이슬란드의 경우처럼 외진 곳에서도 실현될 수 있었습니다.[3] 물론 그리스인, 네덜란드인, 앵글로·색슨인에 비해 사상적으로는 빈약하지만 그럼에도 멋진 자유였습니다. 그러나 곳곳에서 자유는 곧 사라져버렸습니다. 압도적 다수의 국민과 국가의 현실은 자유와 맞지 않았습니다.

---

3 아이슬란드에서는 8세기부터 주민이 거주하기 시작했고, 930년에 역사상 최초의 국가가 탄생했으며 의회도 설립되었습니다. 기독교의 유입과 함께 문화가 융성했지만 13세기에 극심한 내분에 시달렸고, 의회는 안정을 위해 노르웨이의 통치를 받아들이기로 결정을 내렸습니다.

사실들이 뒷받침해주는 아주 강력한 이의는 이렇습니다. 자유가 불가능한 이유는 인간이 자유로부터 지나친 요구를 받고 있기 때문이란 것입니다. 이렇게 피할 수 없는 상황에서 인간은 최고의 용기를 발휘하기도 하지만, 최대의 위험에 노출되기도 합니다. 왜냐하면 인간은 진실로 인간다운 인간이 되기 위해서 자유로워져야 하지만, 현실의 인간으로서 국민 대중과 함께 있는 한 사실상 자유로울 수 없기 때문입니다.

9. 대안

이와 같은 이의 제기를 받은 사람들은 의심할 여지 없는 권위가 지배하는 체제가 있어야 한다는 결론을 내립니다. 그런 지배 체제는 언제 어디서나 있었습니다. 그런 지배 체제는 오늘날 소련과 중공에 세계 최강의 자리를 마련해줄 것입니다.

정치적 자유의 대안[정치적 자유가 없는 삶]은 사실상 권위가 행하는 폭력입니다. 즉 모든 사람이 인정할 권위의 이름으로 작은 소수가 큰 다수를 지배하는 것입니다.

이렇게 권위가 지배하는 상태에 절대적으로 반대하는 말이 있습니다. 인간을 지배하는 것은 항상 인간이라는 말입니다. 신이나 절대적 진리는 결코 세상에 존재하지 않습니다. 신의 이름이나 절대적 진리의 이름으로 권위를 내세운 것은 항상 인간입니다. 신이나 진리 자체는 그러지 않습니다. 권위를 위해 폭력

을 이용하는 인간이 있을 뿐입니다. 이런 권위는 믿을 만한 것
이 못 됩니다. 이런 권위는 그것이 어떤 형태든지 간에 그 부끄
럽고 비열하고 사악한 행동들 때문에 신용을 잃게 됩니다.

10. 결단력

우리는 마치 자유가 자명한 것인 듯 가볍게 여겨서는 안 됩
니다.
과연 우리는 정치적 자유가 인간의 본질에 근거하고 있다는
명제를 계속해서 주장할 수 있을까요?
자유와 관련해서 올바른 것에 대한 틀림없는 지식은 있을 수
없습니다. 자유에서 중요한 것은 온전한 인간이 생각하는 방식,
즉 모든 개인이 자신과 같은 정치적 운명을 짊어지는 동반자와
함께 생각하는 방식의 본질을 결정하는 것입니다.
저 대안 앞에 선 우리는 무엇을 위해 살지, 우리가 책임질 수
있는 미래를 어떤 근거 위에 세우고자 하는지 알아야 합니다.
우리의 앎을 결정하는 것은 안목과 결단력입니다. 이는 철학하
는 가운데 우리 안에서 생겨나는 것입니다.
물론 자유로울 때도 크게 몰락할 수 있고, 완전히 몰락할 수
도 있습니다. 그러나 자유가 없다면 몰락은 확실합니다.
정치적 자유는 인간이 타고난 고귀함에 걸맞은 희망을 줍니
다. 다른 길에는 처음부터 희망이 없습니다. 우리가 희망의 근

거가 되는 용감한 이성을 포기해버리면 이는 스스로를 경멸하는 것입니다.

폭력이 인간을 얽어매려고 했을 때도 인간의 진리는 자유에 이르는 길이었습니다. 인간이 좌절한다고 해서 자유가 부정되는 것은 아닙니다. 지구가 언젠가 다시 우주의 바다에서 침몰하고 소멸해버려 마치 존재하지도 않았던 것처럼 되더라도 지구의 영광이 부정되지 않는 것처럼 말이죠.

일곱 번째 강의: 지식과 가치판단

1. 철학적 구별 행위

[앞선 강의에서] 우리는 성숙한 의식에 이른 사람이라면 누구나 정치적 자유에 대한 의지를 가진다고 말했습니다. 우리는 이 말에 부합하지 않는 것들을 제시했습니다. 오늘날 많은 사람이 보여주는 현실이 그랬고, 이제까지 정치적 자유를 실현하려는 모든 시도가 좌절한 역사가 그랬고, 끝으로 인간이 자유로부터 지나친 요구를 받기 때문에 정치적으로 자유로울 수 없다는 주장이 그랬습니다.

정치적 자유에 관한 토론에서 보였던 불일치와 불명료함을 고려할 때 우리는 참된 것의 본질[맞음과 옳음]을 근본적으로 구별할 필요가 있습니다. 모든 사람에게 보편타당한 맞음은 우리 각자의 옳은 확신과는 전혀 다른 것입니다. 그 확신을 가지고 우리는 살아갑니다. 맞는 지식을 이해하는 사람이라면 누구나 그 지식이 맞다는 것도 인정하리라고 기대하는 것은 당연합니다. 그리고 우리 경험에 따르면 실제로 그렇습니다. 확신에 대해서는 그런 기대를 할 수 없습니다. 왜냐하면 확신은 모든 사람에게 절대적으로 타당한 것이 결코 아니기 때문입니다. 그리고 만일 우리가 그런 기대를 한다면 뼈아픈 경험을 하게 될 것입니다. 우리는 자기의 믿음에 대한 확신이 보편적으로 타당해지길 요구하면 안 됩니다.

2. 대화

맞는 지식과 옳은 확신을 구별하는 문제는 정치적 생각이나 정치적 자유에 대한 물음에뿐만 아니라 모든 삶의 물음에도 들어 있습니다.

서로 투쟁하는 믿음에 대한 확신이 다양하다는 것에 우리는 늘 다시 놀랄 수 있습니다. 낯선 사람이나 적대하는 사람과 만날 때 우리는 다음과 같은 근본적인 물음에 대한 태도를 결정해놓아야 합니다. 우리가 모두 [같은] 인간임을 인정하느냐 인정하지 않느냐 하는 물음입니다. 이를 인정할 경우 우리는 다른 믿음을 가진 사람들을 적으로 내버려두거나, 더 나아가 존재하지 않는 것처럼 대하거나 제거하려고 해서는 안 됩니다. 우리는 그들과 함께하는 사람들입니다. 그래서 오히려 우리는 그들이 우리에 대해 묻도록 내버려두어야 하고, 그들에게 물어보아야 합니다.

그때 우리는 우리에게 불합리해 보이는 것을 요구하게 됩니다. 저는 제가 옳다고 믿는 진리에 대해서 생각하는 것을 중지하고, 다른 사람이 옳다고 믿을 수 있는 진리에 대해서 함께 생각해보고 공감해보려 시도합니다. 그리고 그렇게 실제로 믿고 있는 사람을 느껴봅니다. 그때 우리는 서로를 연결하는 경험을 하게 됩니다. 다른 사람에 대해 생각할 때, 그리고 다른 사람과 함께 생각할 때 비로소 우리는 스스로를 더 확실히 알게 됩니다.

우리가 같은 것을 원하지 않는 상황이 있습니다. 서로 원하는 것이 상반될 때 우리는 말이 아니라 폭력을 사용해야 할까요? 우리가 살아갈 때 근력이라는 물리적 힘을 사용하고, 대화할 때 지능이라는 지적 힘을 사용하는 것처럼 말이죠. 우리에게 공통된 인간의 본질은 우리에게 힘이 아닌 다른 것을 사용할 것을 요구합니다. 진리가 다양하게 나타날 때 우리는 그 진리를 뚜렷하게 설명하려고 합니다. 그러기 위해서는 정신적 에너지와 자제심이 필요합니다. 우리는 "제가 원하는 것은 그것입니다", "그것이 저의 의견입니다"라고 고집스레 주장하지 않고 주장의 근거를 제시하려고 합니다. 우리는 "저는 원래 그렇습니다"라는 말을 받아들이지 않습니다. 오히려 우리는 스스로가 본래 어땠는지 결코 알지 못한다는 것을 압니다. 그리고 우리가 변화할 수 있다는 것도 알고 있습니다.

완고한 사람들 간의 적의에 찬 논쟁에서는 한쪽이 정신적 수단을 써 다른 한쪽에게 자기의 의견과 의지를 강요하려고 합니다. 사랑하는 사람들을 연결하는 투쟁의 대화에서는 두 사람이 함께 진리를 확인하려고 합니다.

이런 대화는 서로 대립할 때에도 함께 길을 찾는 인간적인 방식입니다. 이런 방식의 대화는 몇 가지 근본적인 깨달음을 필요로 합니다. 철학하는 사람은 그것들을 자신의 생각에 깊이 아로새겨야 합니다. 그중 한 깨달음이 오늘 우리가 다룰 주제입니다. 강의를 시작할 때에도 말했지만 다른 형식으로 다시 말해보겠습니다. 힘들 사이에서 정신적으로 투쟁하는 삶과 과학은 근본적으로 구별됩니다. 그러나 과학의 순수성과 힘들 간의 투쟁의 선명함은 서로를 필요로 합니다.

3. 막스 베버의 주장: 가치판단에 대한 열정적 토론

20세기 초 모든 과학에서는 이 구별에 대한 오해를 해소하는 일이 시급했습니다. 그 당시 막스 베버는 과학에서 가치판단을 제거할 것을 지극히 열정적으로 요구했습니다. 과학은 경험과 이성을 통해 알 수 있는 보편타당하고 틀림없는 지식, 즉 과학이 접근할 수 있는 지식에 국한되어야 한다는 요구였습니다. 과학의 진리가 진리의 전부는 아닙니다. 그러나 과학의 진리는 어떤 사람의 믿음의 형태나 세계관에 상관없이, 또 그 사람이 속한 당파나 얽혀 있는 이해관계에 상관없이 누구에게나 타당하게 여겨진다는 특성이 있습니다.

이런 근본적인 깨달음은 다음과 같이 조금씩 다르게 표현할 수 있습니다. 존재하는 것에 대한 지식은 존재해야 하는 것에 대한 판단을 포함하지 않습니다. 제가 아는 것은 제가 원하는 것과 일치하지 않습니다. 경험으로 증명할 수 있는 것에는 믿음에 의해서만 파악할 수 있는 것이 포함되지 않습니다. [어떤 것을] 인식하는 것은 [그것에 대해] 함께 책임을 지면서 관여하는 것이 아닙니다. 관찰하는 것은 행동하는 것이 아니고, 바라보는 것은 실존하는 것이 아닙니다.

한쪽은 누구에게나 타당하고 틀림없는 지식을 얻는 우리의 지성만을 요구합니다. 다른 한쪽은 실존적으로 다양하게 다른 사람들과 만나는 우리의 본질을 요구합니다. 한쪽은 보편타당한 것을 공유하는 우리를 차갑게[비인간적으로] 연결합니다. 다른 한쪽은 역사적으로 공존하는 우리를 인간적으로 연결합니다. 우리가 보편타당한 것에 관해서 당장은 동의하지 않는다고 해도 우리는 동의를 이끌어낼 수 있을 것이고 올바른 파악을 통해서 확실히 동의하게 될 것입니다. 우리가 믿음과 의지에 관해서 동의하지 않을 때는, 물론 점진적으로 서로 뚜렷하게 설명하는 과정이 가능하긴 하겠지만 그 과정은 현실적으로 끝나지 않는 투쟁이 될 것입니다.

따라서 과학의 한계는 분명합니다. 사실로부터는 구속력 있는 규범을 도출할 수 없습니다. 경험과학은 어떤 사람에게도 그 사람이 무엇을 해야 하는지를 가르쳐줄 수 없습니다. 그러나 그 사람이 세운 목표들 가운데 가능한 수단으로 달성할 수 있는 것이 무엇인지는 가르쳐줄 수 있을 것입니다. 과학은 삶에 의미가 있다는 것을 저에게 보여줄 수 없습니다. 그러나 과학은 제가 원하는 것의 중요도를 저에게 보여줄 수 있습니다. 어쩌면 과학은 제가 원하는 목표를 바꾸게 할 수도 있을 것입니다. 과학은 모든 행동뿐만 아니라 행동하지 않는 것도 어떤 결과를 초래한다는 것을 알게 해주고, 그 결과를 보여줄 수 있습니다. 제가 줏대 없이 혼란스럽고 허무하게 살아가려는 것이 아니라 [제대로] 살고 싶어 하는 한 현실에서는 투쟁하는 힘들의 한쪽에 속하지 않으면 안 된다는 것을 과학은 제시해줄 수 있습니다.

가치판단에 대한 토론이란 이름으로 어떤 것이 시작되었습니다. 곧바로 그것은 그 당시의 과학자들에게 대단히 중요한 것으로 여겨졌습니다. 일부 과학자들에게 그것은 그들이 평생 연구해왔다고 믿었던 과제를 혁명적으로 위협하는 것처럼 보였고, 자신들의 과학적 양심을 공격하는 것처럼 보였습니다. 다른 과학자들에게는 과학자의 마음가짐에 과학 자체에 대한 새로운 근거를 세워주는 것처럼 보였습니다. 전자의 과학자들은 전통 과학의 선명하지 못하며 과도한 요구에 만족하고 있었기 때문에 막스 베버에 반대했습니다. 후자의 과학자들에게서는 순수한 지식욕이 불같이 타올랐습니다.

그때까지 과학과 가치판단에 대한 토론은 과학적 세계의 역사가와 거시경제학자의 문제였습니다. 그 문제는 여러 회의에서 논의되었습니다. 1914년에 가장 유명한 반대자들은 거리낌 없이 말하면서도 세상에 물의를 일으키지 않기 위해 비밀리에 회합을 가졌습니다. 참가자들이 미리 준비한 각서에 의거한 이 회합은 베를린에서 열렸습니다. 토론은 지극히 격렬했던 것 같습니다. 막스 베버가 자리를 떠나면서 남긴 마지막 말은 유명합니다. "여러분은 끝내 저를 이해하지 못했습니다." 제1차 세계대전이 일어났습니다. 이 문제는 뒷전으로 밀려났습니다. 막스 베버는 1920년에 죽었습니다. 그러나 이 문제는 여전히 긴급합니다.

오늘날에도 그 당시와 마찬가지로 의견의 일치는 거의 이야기할 수 없습니다. 그 당시에 열정적으로 시작한 심오한 논의도 지금은 줄어든 것처럼 보입니다. 그 논의에서 생긴 몇 가지 물음은 논리적이기 때문에 과학을 통해 답할[결정할] 수 있습니다. 생각하는 인간의 본질에 관한 다른 물음에는 객관적으로 답할 수 없습니다. 진리에 대한 결단은 과학을 넘어서는 것입니다. 그 결단은 과학 자체를 최고로 선명하게 만들기 위한 기준이 됩니다.

4. 자연과학과 인문·사회과학

자연과학에서는 지식과 가치판단의 구별이 문제되지 않습니다. 구별은 이미 오래전에 이루어졌습니다. 갈릴레이는 수학의 도형을 보다 고귀한 것과 덜 고귀한 것으로 구별하지 않았습니다. 그는 더 이상 원을 타원보다, 구체球體를 다른 입체보다 더 고귀한 것으로 간주하지도 않았습니다.[1] 갈릴레이 때부터 천체와 지상의 물체를 탐구할 때 제기된 유일한 물음은 무엇을 경험적으로 증명할 수 있는가 하는 것이었습니다. 어떤 것이 더 고귀한가는 자연과학에서 문제가 되지 않고, 고귀함은 그것을 더 현실적인 것으로 간주할 근거가 되지 않습니다.

인문·사회과학, 즉 역사학, 정치학, 경제학, 사회학에서는 사정이 다릅니다. 자연과학에서와 마찬가지로 인문·사회과학에서도 구체적인 형태를 가지고 있는 것, 직접 느낄 수 있는 것, 측정할 수 있는 것, 실험으로 확인할 수 있는 것에 관심을 가집

---

1 고대 그리스에서는 변화가 많은 지상보다는 천체가 규칙적으로 운동하는 하늘을 더 고귀한 것으로 보았습니다. 그래서 천체는 완벽한 구이고, 그 운동은 완전한 원을 그린다고 믿었습니다. 하지만 갈릴레이는 망원경을 사용해서 달이 매끄러운 표면으로 된 완전한 구체가 아니라 울퉁불퉁한 표면을 가졌다는 것을 관찰해냈습니다. 케플러는 수학적 계산을 통해서 행성들의 궤도가 완전한 원이 아니라 타원이라는 점을 증명했습니다. 케플러는 자신의 수학적 증명에 기뻐하기보다는 몹시 불쾌해했다고 합니다.

니다. 또 우리는 행동하고 생각하고 계획하고 창조하는 사람이 의도한 의미도 이해합니다. 우리는 물체를 외부에서 알고, 또한 인간이 경험한 의미를 내부에서 압니다.

그런데 의미의 이해에는 판단이 떼려야 뗄 수 없이 결합하여 있습니다. 이해할 수 있는 의미는 가령 아름답다거나 추하다는 것, 고귀하다거나 천박하다는 것, 좋다거나 나쁘다는 것입니다. 정신의 역사에서 모든 판단은 유일하지 않은 진리의 아우르는 힘들에 의존하고 있습니다.

제가 느낄 수 있는 것은 어떤 진리의 힘일까요? 저는 어떤 진리의 힘과 동질감을 형성할까요? 어떤 진리의 힘을 거부할까요? 자유로부터 이런 물음들이 샘솟습니다.

5. 자유는 어떤 의미에서 존재할까요?

인문·사회과학의 근본적인 어려움을 한 문장으로 표현하면 이렇습니다. 인문·사회과학은 인간의 자유와 관련이 있지만 과학에서 자유란 존재하지 않는 것입니다. 인문·사회과학은 경험한 사실을 연구 대상으로 하는 실증과학, 즉 경험과학입니다. 자유는 경험을 통해 증명할 수 없습니다. 그래서 과학으로서 인문·사회과학에는 바로 그 본래적인 것, 즉 우리가 인문·사회과학에 관심을 두게 하는 그것이 빠져 있습니다. 그것은 간접적으로만 나타나는데도 본질적인 것입니다.

자연적이면서도 역사적인 인간과 관계될 때 언제나 우리는 자유와 관계됩니다. 반면에 과학에서는 자유라는 개념을 사용할 수 없습니다. 왜냐하면 이 개념은 어떠한 경험적 사실과도 관련이 없기 때문입니다. 또 우리는 과학의 경계를 넘어설 의도가 없다면 자유 개념을 사용하지 말아야 하기 때문입니다.

행동하고 생각하고 계획하고 창조하는 사람이 의도한 의미를 이해할 때 우리는 자유와 접촉합니다. 자유는 이해할 수 있는 것들에서 나타납니다. 우리는 역사학에서 이런 것들만 탐구합니다. 이렇게 이해할 때 무슨 일이 일어날까요?

6. 동일한 의미를 상반되게 판단할 가능성

하나의 행동, 하나의 생각, 하나의 문학, 하나의 제도가 품은 의미는 이해될 수 있고, 다양하게 판단될 수 있으며, 그 판단들이 상반될 수도 있습니다. 소크라테스의 사고방식을 사례로 들어보겠습니다.[2] 한편으로 그의 합리적인 사고는 개념적인 생각

---

2 소크라테스의 철학을 대표하는 사고방식은 무지無知의 지知입니다. 소크라테스는 델포이의 신탁을 통해 자신보다 더 현명한 사람이 없다는 말을 듣고, 이 말이 맞는지 확인하기 위해서 현명하다고 불리는 사람들을 찾아가 대화를 나눕니다. 그 대화는 그들이 알고 있다고 믿었던 것을 실제로는 알지 못했다는 것을 드러내줍니다. 그렇게 잘못된 믿음으로부터 해방시켜주는 앎(무지의 지)은 동시에 인간이 자기 자신에 대한 보다 참된 이해에 도달하게 합니다.

을 통해 인간의 [믿음의] 핵심을 파괴하는 것으로 이해될 수도 있고, 다른 한편으로 모든 것에 개방되어 있으면서도 동시에 스스로의 한계를 알고 있는 뚜렷한 사고가 인간을 해방시켜 자기 자신에 이르게 하는 것으로 이해될 수도 있습니다.

의미 이해에는 항상 판단이 결합하여 있습니다. 순수하게 의미 이해만 분리해낼 수는 없습니다. 그러나 우리는 판단을 수반하지 않는 순수한 의미라는 허구에 접근하기 위해 우리의 판단 작용을 중지할 수 있습니다.

이런 접근은 우리가 우리의 판단 자체를 주제로 삼을 때에만 가능합니다. 좋음과 나쁨, 고귀함과 천박함, 유익함과 무익함 따위와 같은 판단의 의미는 그 자체로 실재합니다. 우리는 사람들이 왜 이렇게 또는 저렇게 판단할 수 있는지 이해하게 되고, 상반된 판단을 내리는 이유도 이해하게 됩니다.

우리 자신의 판단을 이해하면 우리는 스스로 그 판단에서 더 자유로워집니다. 이해할 수 있는 의미를 만들어내는 여러 힘은 지성으로 파악되는 것이 아닙니다. 그럼에도 그 힘은 우리 자신 안에서 나타납니다.

7. "궁극의 입장"의 구성

우리는 연구할 때 그 힘에 되도록 가까이 다가가보려 합니다. 그 힘을 향한 합리적인 길은 각자가 넘어설 수 없는 "궁극의 입장"을 규정해보는 것입니다. 이런 입장은 그 근거를 파악할 수 없으므로 더 이상 토론할 수 없는 원칙과 같습니다.

어떤 사람이든 실제로 갈등 상황에 놓여야 비로소 자신에게 무엇이 중요한지 볼 수 있습니다. 그 사람이 무엇을 우선시하는지가 드러나는 유일한 경우는 그 사람의 결정을 촉구하는 구체적인 순간이지, 단순히 그 사람이 그 결정에 대해 생각해볼 때가 아닙니다. 더욱이 그 사람이 자신의 삶을 그 삶에 구조를 부여하는 서열에 따라 이끄는지, 또는 이랬다저랬다 하면서 [삶의] 의미를 은폐하는 혼란 속에서 이끄는지도 그 순간에만 드러납니다.

궁극의 입장을 이론적으로 설명하는 것은 그것을 항상 합리적으로 구성하는 것과 같습니다. 우리는 인간이나 사건을 그런 방식으로 샅샅이 설명하는 것을 견디지 못합니다. 역사학에서 그렇게 하는 것도, 현재 우리에 대해 그렇게 하는 것도 말이죠. "입장들"은 합리적이고 객관적인 방식으로만 우리가 실제로 겪고 행한 것을 해명해줍니다. 그러나 결코 그것을 결정적으로 분명하게 만들어주지는 않습니다. 우리는 서로 간의 가장 깊은 차이를 입장들에서 발견하지는 못합니다.

8. 힘과 갈림길

궁극의 입장을 제시함으로써 우리는 근원에 이르고 싶어 합니다. 이는 헛된 일입니다! 우리가 힘이라고 부르는 것에 비하면 입장은 단순한 표면에 불과합니다. 그 힘은 합리적이고 적절한 방식으로 누구나 생각할 수 있는 것으로 옮길 수 없는 것입니다. 힘을 조망하는 것은 불가능합니다. 저는 여러 힘 사이에서 아무런 선택도 할 수 없는데, 왜냐하면 선택할 때 언제나 이미 그 힘들의 영향을 받고 있기 때문입니다. 힘은 저와 함께 있습니다. 암어문으로 말해보면 저는 힘을 저 자신과 함께 [저의] 시간이 시작되기 전에 선택했습니다. 그러나 비록 제가 힘을 실제로 경험한다고 해도 힘을 근거로 삼을 수는 없습니다. 제가 합리적으로 다른 사람들과 저 자신에게 전달할 수 있게 만든 것, 즉 세계에서 분명해진 것이야말로 비로소 제가 근거로 삼을 수 있는 것입니다. 그런데 저는 진지함을 유지하는 동안 이렇게 합리적으로 여러 힘과 함께 있습니다. 이로써 힘들은 더욱 뚜렷해지고, 그만큼 영향을 미칩니다. 이렇게 뚜렷해진 힘은 제 안에서 크게 변할 수 있습니다. 입장을 분명하게 하는 것은 힘을 가리키는 기호를 세우는 것입니다.

이렇게 합리적인 구성을 통해서 우리도 갈림길에 이릅니다. 물론 우리의 깨달음에 따르면 갈림길은 우리가 각자 도달할 수 있는 궁극의 길이지만 그럼에도 절대적인 길은 아닙니다. 갈림길의 사례를 들어보겠습니다.

첫째, 세계에서는 어쨌든 궁극의 대안이 중요합니다. (상황이나 순간에 따라 달라지는 상대적인 결정만이 중요한 것이 아닙니다.) 또는 근본적인 것으로 알려진 진리가 대안 없이 전체주의적으로 받아들여집니다.

전자의 경우에 인간은 시간 안에서 완성될 수 없는 이성의 길을 가고, 후자의 경우에는 보편적으로 모두에게 알려진 유일한 진리를 받아들입니다.

둘째, 저는 저 자신에게 무한히 투명해지고 싶습니다. 또는 은폐하고 싶은 충동을 따릅니다.

전자의 경우에 저는 가장 낯선 사람과도 한없이 소통하고 싶습니다. 후자의 경우에는 어디엔가 틀어박혀서 말하기를 거부합니다.

셋째, 저는 정치적 자유를 세계에서 가장 중대한 공동의 선으로 간주합니다. 또는 전체주의적 지배 체제를 받아들일 준비가 되어 있습니다.

전자의 경우에 저는 인간답게 살기 위해서라면 삶을 걸어볼 만하다고 믿습니다. 후자의 경우에는 그저 살아남으려고 삶에 집착하고 복종합니다.

넷째, 진리를 원하는 저는 성실하게 한없이 계속해서 묻는 것을 가장 중요한 일로 여깁니다. 또는 진리에 관심이 없는 저는 생각의 자유를 빼앗는 궤변에 지나지 않는 주입식 사고를 받아들일 준비가 되어 있습니다.

다섯째, 저는 실제로 육체를 가질 수 없는 초월자의 육체성이 유동적인 암어문에서 스스로 풀어지게 합니다. 또는 저는 유일신 혹은 여러 신의 육체성과 함께 살고, 가령 신이 인간이 되었다는 주장을 고수합니다.

여기서 이렇게 갈림길이 표현될 때 대답과 결정은 이미 한쪽의 길로 정해져 있습니다. 다른 쪽의 길은 잘못 이해되고 정식화된 것으로 보일 것이기 때문입니다.

제가 열거한 갈림길은 모든 인간을 초월한 관점에서 정해진 것이 아닙니다. 오히려 갈림길은 제가 서 있는 장소에서 본 것입니다. 그 장소를 공간 안에서 규정할 수는 없습니다.

9. 요약

요약해보겠습니다. 과학의 순수성에 대한 의지도 진실성을 향한 실존의 의지에서 샘솟습니다. 과학은 스스로 수행할 수 없는 것, 즉 판단을 포기해야 합니다. 그것이 가치에 대한 것이든, 신앙에 대한 것이든, 의지에 대한 것이든 말이죠.

순수한 과학에 대한 의지와 실존의 순수성에 대한 의지는 모두 자유로운 결단입니다.

순수한 과학을 원하는 사람은 과학을 통해 알게 된 것에 관해서 다른 모든 생각하는 사람과 의견을 함께할 기회를 증대시킵니다.

자유롭게 살려는 사람은 모순되는 실존적 힘들 간의 투쟁을 선명하게 만들어야 합니다. 그렇게 선명해진 투쟁은 그 사람과 상대자를 묶어주는 인간의 본질 안에서 그들이 연결될 수 있게 합니다.

과학과 실존 모두에 있어 중대한 물음, 즉 지식과 판단을 구별하는 물음에는 열정이 결합하여 있습니다. 그 열정은 연구에 대한 열정에 불과한 것이 아닙니다. 그 열정은 진리의 의미에 대한 믿음에서 샘솟습니다.

순수 과학에서 가치판단을 제거하려는 열정은 인간의 의미가 진리에 있다는 믿음과 함께합니다. 이런 열정은 진리를 부정하거나 멀리하는 모든 힘에 맞섭니다.

이렇게 진리를 향하는 열정은 한자리에 고정되어 있지 않고, 진리 자체의 의미 안에서 계속해서 운동합니다. 왜냐하면 진리란 무엇이며, 진리가 얼마나 다양한 의미로 있는지가 계속 물음으로 남아 있기 때문입니다.

지식과 가치판단 간의 매우 단순해 보이는 구별도 마찬가지입니다. 이 구별은 가치판단을 대상으로 삼으며 그 판단 자체를 포함하는 인식의 방향을 지시하는 것입니다. 보편적인 구별은 간단하고, 그 방법은 구체적인 경우에 항상 새롭습니다.

10. 거리, 진실성, 자유

사실에 대한 지식과 가치판단에 대한 숙고는 우리가 경솔하게 생각할 때 사로잡히는 것들로부터 우리를 해방시켜줍니다.

우리가 인식과 평가를 결합하는 것은 자연스러워 보입니다. 그것은 모르고 한 일이기 때문에 책임질 필요가 없습니다. 하지만 그럼에도 불구하고 우리에게 책임이 있는 것 같습니다. 왜냐하면 우리는 [그 결합으로부터] 벗어날 수 있기 때문입니다.

그러면 우리는 세계를 비롯해 우리 자신과 거리를 둠으로써 자유로워집니다.

이런 거리 두기는 우리 삶의 태도와도 같은 과학의 근본 특징입니다. 과학과 삶의 구조는 서로에게 비칩니다.

철학적으로 생각할 때 거리 두기는 방법론적 의식이라고 할 수도 있습니다. 저는 제가 생각하면서 무엇을 하는지 알고 있고, 제가 가는 [생각의] 길을 보고 있고, 모든 사고방식의 고유한 의미와 그 한계를 경험합니다.[3]

거리를 두지 않으면 저는 저 자신에게 돌아오지 못할 것입니다. 왜냐하면 만물의 흐름과 저의 생각과 이미지에 마음을 빼앗

---

3 "방법론적"이라는 표현은 데카르트의 철학에서 유래한 것으로 보입니다. 데카르트는 사람이 믿을 수 있는 것들 가운데 무엇이 참인지 확실히 알기 위해서 방법론적 의심이라는 사고방식을 적용했습니다. 먼저 그는 눈앞에 보이는 사물의 존재를 의심했고, 그다음에 자신의 육체의 존재를 의심했고, 마지막으로 수학 명제와 같은 보편적 진리도 의심했습니다. 하지만 그렇게 모든 것을 의심하고 있는 자기 생각의 존재는 의심할 수 없다는 것을 알게 되고, "나는 생각한다. 따라서 나는 존재한다"라는 결론을 내렸습니다. 이런 의심이 방법론적 의심이라고 불리는 이유는 의심할 수 없는 것을 찾기 위해서 의심의 방법을 사용했기 때문입니다. 야스퍼스가 말하는 거리 두기 역시 본래의 자아를 찾으려는 방법입니다.

기게 되기 때문입니다. 그러면 저는 저 자신으로 있을 수 없습니다.

거리를 둘 때 과연 저는 어디에 서 있을까요? 현실의 우리 자신 안에 서 있습니다. 즉 거리를 둠으로써 저는 성숙한 의식과 비로소 동질감을 형성하여 본래적인 저 자신에게 돌아옵니다. 그때 저는 역사적 현실에 의식적으로 완전히 몰두하고 있습니다.

거리 두기에 의해 해방된 저는 어떻게 될까요? 저는 자연스럽게 초월자와 관계를 맺게 되고, 자신을 선물받는 저의 전적인 의존성을 아무것에도 의존하지 않으면서 경험하게 될 것입니다.

여덟 번째 강의: 심리학과 사회학

1. 사회학과 심리학의 견해: 맑스와 프로이트

심리학과 사회학은 겨우 1865년경에 경험과학으로 등장했습니다. 오늘날 두 과학은 강력한 타당성을 요구하고 있으며, 또 그만한 타당성을 가지고 있습니다. 두 과학의 무수히 많은 문헌이 이 시대의 사고방식에 너무나 많은 영향을 미쳤습니다.

심리학과 사회학은 그 핵심까지 제대로 된 과학입니다. 두 과학은 사실을 규명합니다. 심리학과 사회학이 사용하는 방법들(자료 수집, 실험, 관찰과 서술, 인터뷰, 설문, 통계, 역사적 연구, 신상 조사)은 선명하게 규정할 수 있고 엄격하게 적용할 수 있는 것들입니다. 두 과학은 개념을 구별하고 의미의 맥락과 상황들의 연관을 보여주면서 분석합니다.

오늘 제가 말하려고 하는 것은 심리학과 사회학이 거둔 위대한 과학적 성과가 아니라 그것들의 왜곡된 모습입니다. 왜곡된 두 과학의 힘은 우리 시대를 완전히 파괴하고 있습니다.

첫째, 두 과학의 실제 지식은 누구나 아는 빈말에 휩싸여 있습니다. 그 빈말은 인간의 정신을 흐트러뜨리고 판단력을 약하게 하고 현실을 은폐합니다. 증식하는 세균 덩어리처럼 그 빈말은 인간의 실존적 가능성을 분해합니다.

둘째, 특히 두 사람의 사상가, 즉 사회학의 맑스와 심리학의 프로이트는 아주 활발한 관찰로 이론을 구성했고, 실제 지식뿐만 아니라 해롭고 그릇된 인간관도 만들어냈습니다. 증오심을 품은 이 인물들은 예언자처럼 신앙심을 일으켰습니다. 그들의 추종자는 교회를 멀리했지만 철학에는 아직 이르지 못한 사람들이었습니다. 맑스와 프로이트는 과학자로서 제대로 된 과학적 지식도 가져왔습니다. 이렇게 해서 그들의 사이비 과학적 예언은 권위를 가지게 되었습니다. 특히 과학을 맹신하는 사람들에게서 말이죠.

우선 맑스주의자와 정신분석학자가 우리와 어떻게 대화를 나누는지 간단하게 살펴보겠습니다.

2. 맑스주의자와의 토론

1920년대의 어느 날 저의 세미나에서 칸트의 자유사상에 대한 논의가 갑자기 중단된 적이 있었습니다. 맑스주의자인 학생이 말했습니다. 이 모든 것은 결국 부르주아계급의 이데올로기에 지나지 않습니다. 사람들은 칸트의 생각을 상부구조로 이해해야 하고, 그래야만 그 생각을 진실로 이해할 수 있습니다.

저는 답했습니다. 칸트의 자유사상은 인간 그 자체에 호소하는 것인데, 그 사상이 사회체제의 한 계급과 어떻게 관련된다는 것인지 우리에게 보여주기 바랍니다.

맑스주의자: 자유는 부르주아계급이 자신을 기만하고 있는 상태입니다. 개인의 자유 같은 것은 없습니다. 우리가 알게 된 사회의 필연적 발전과[1] 함께하는 자유만이 있습니다.

저: 당신은 개인의 자유를 부정하고 있습니다.[2] 당신도 알다시피 칸트도 자유를 경험할 수 있거나 탐구할 수 있는 실체로 보는 관점은 부정합니다. 아무도 피할 수 없는 인과율이란 범주를 따라 탐구한 현실의 삶에서는 자유가 나타나지 않습니다. 핵

---

1 맑스주의의 근거가 되는 역사관은 역사적유물론이라고 불립니다. 이에 따르면 역사가 발전하는 원동력은 관념이 아니라 물질입니다. 인간에게 꼭 필요한 물질의 생산이, 즉 하부구조가 정치, 경제, 법률, 종교, 학문 등의 사회사상, 즉 상부구조를 낳습니다. 따라서 한 사회의 정치적·문화적 특징은 근본적으로 그 사회의 생산양식에 의해 규정되며, 생산양식은 생산력의 증대에 대응하여 필연적으로 변화됩니다. 역사적유물론에 따르면 역사는 원시적 공산주의, 고대 노예제, 중세 봉건제, 근대 자본주의를 거쳐 공산주의로 발전합니다. 이런 발전을 주도하는 계급은 프롤레타리아, 즉 노동자계급입니다.
2 독일의 대학에서는 교수와 학생이 서로에게 존칭을 씁니다. 아마도 이런 문화와 언어 덕분에 여기에서 소개되고 있는 교수와 학생 간의 대화도 가능했을 것입니다.

심적인 사실은 우리 인간이 심리학이나 사회학에서 탐구할 수 있는 대상을 넘어선다는 것입니다. 우리는 자기 자신을 경멸하려는 것이 아니라면 우리 내면에서 우리 자신을 통해 들려오는 무조건적인 요구에 따를 것입니다. 이는 숭고하게 철학적으로 생각해보면 뚜렷해지기는 하지만 증명되지는 않습니다. 철학이 비록 방법적으로 엄밀한 생각이기는 하지만 과학은 아니기 때문입니다. 차라리 이렇게 묻겠습니다. 당신은 실존적으로 경험하는 내면의 요청을 부정하려고 합니까?

맑스주의자: 저는 그것을 부정합니다. 저는 역사의 요청과 당의 노선에 표현된 요청은 듣지만, 개인이 상상한 요청은 듣지 않습니다. 당신의 생각은 비합리적입니다. 저는 선명한 지성을 고수할 것입니다.

저: 역사 전체가 필연적으로 흐른다는 것을 당신은 어떻게 압니까? 만물이 무한히 얽힌 채 흐를 때 알 수 있는 것은 기껏해야 그때그때마다의 개별 요인에 불과합니다. 인간은 결코 흐름 전체를 알 수 없습니다. 즉 인간은 흐름 전체를 나중에 필연적인 것으로 파악할 수도 없고, 도래할 것으로 미리 알 수도 없습니다. 당신도 알고 있겠지만 맑스의 예언도 대부분 틀린 것으로 입증되었습니다.

맑스주의자: 그것은 사소한 일입니다. 대체로 맑스의 유물론적 역사관과 변증법은 우리에게 역사의 흐름을 제시해주었습니다.

저: 정신적인 실체를 계급 이익의 상부구조로 보는 당신의 견

해에 따르면 역사의 흐름에 대한 당신의 의견과 상부구조 이론 자체도 당신 계급의 이데올로기가 될 것입니다.

맑스주의자: 절대 그렇지 않습니다. 왜냐하면 프롤레타리아계급 안에서 마침내 인간은 처음으로 가치 있는 인간이 되기 때문입니다. 이렇게 인간이 자아를 실현하면 모든 계급이 사라집니다. 우리는 더 이상 이데올로기가 필요하지 않습니다. 맑스가 만든 과학 덕분에 우리는 이제 모든 사람을 움직일 지식을 얻은 것입니다.

저: 정신적인 것을 상부구조로 보는 것은 그 근원을 하부구조에 의존하는 것으로 보는 사고방식입니다. 이런 사고방식은 어쩌면 그 당시에 권력을 장악하려고 한 여러 맑스주의자에게 적용될 수 있었을 것입니다. 예컨대 그 당시에 프롤레타리아든 망해버린 부르주아든 간에 불우한 사람들은 무엇인가 대신할 것을 구하고 있었습니다. 그 당시 프롤레타리아는 여전히 비참한 자신의 삶을 대신할 지상천국이 도래하리라는 믿음을 구했고, 부르주아는 자신의 잃어버린 기풍을 대신할 문필가와 혁명가의 권위를 대중에게서 구했습니다.

맑스주의자: 저는 당신의 심리학적 설명을 거부합니다. 참된 사회체제로 이끄는 거대한 역사적 과정에 주목해야 합니다. 당신은 이 과정을 볼 수 없으므로 거기서 벗어나 개인적인 것에 주목하고 그것이 부적합하다고 심리학적으로 설명하고 있습니다.

저: 방금 그 말은 당신이 칸트철학에 관해서 비판할 때 제가 지적할 점과 같습니다. 당신은 칸트철학의 진리를 결코 볼 수 없는 사회학적 견해 때문에 큰 문제에서 벗어나고 있습니다.

우리의 세미나를 위해서 저는 당신에게 제안합니다. 같은 이유로 부적절한 심리학적 해석과 사회학적 해석을 모두 무시합시다. 그리고 칸트의 생각 그 자체 안에 들어 있는 것을 경험하기 위해서 칸트의 철학함에 대해 연구해봅시다.

물론 그의 생각을 그 자체로 이해할지 말지는 각각의 개인이 내릴 결정입니다. 아무에게도 결정을 강요하지 않습니다. 그러나 저의 칸트 세미나에 오는 사람은 이런 결정을 내렸다고 제가 전제해도 되지 않을까요? 그렇게 생각하지 않습니까? 우리는 여기서 칸트를 다루지 맑스를 다루지 않습니다.

3. 정신분석학자와의 토론

제가 간단하게 전하려는 두 번째 토론은 1920년대에 있었습니다.

정신분석학자: 우리의 근본이 되는 실체는 성적인 욕망, 즉 리비도입니다. 그 욕망이 억압되고 승화되면 정신성이 생겨나고, 승화가 잘 안 되면 신경증이 생겨납니다.

저: 저는 철학적 생각, 정신적 환상, 문학 창작, 연구 아이디어가 그 자체로 근원적이라고 봅니다. 이따금 사람들은 그런 창

작을 하는 상태의 원인이 되는 조건을 제시하기도 합니다. 횔덜린의 후기 송가와[3] 반 고흐의 후기 회화는[4] 그들의 정신 질환이 없었다면 그만한 깊이와 형식을 갖지 못했을 것이라고 말이죠. 그렇다고 해서 그들의 작품이 지닌 의미의 근원성[독창성]이 침해되는 것은 아닙니다. 리비도의 억압으로 정신적으로 위대한 것이 생겨났다는 증거를 저는 경험하지 못했습니다. 그런 증거가 제시된다고 해도 그것으로는 창작의 근원성에 관해서 아무것도 알아내지 못할 것입니다. 하지만 억압에 대해 말할 때는 물음을 다음과 같이 바꿔도 괜찮을 것이고, 그러면 어쨌든 더 적지 않은 해석의 성과를 낼 수 있을 것입니다. 어쩌면 사람들은 리비도뿐만 아니라 실존적인 정신의 힘도 억압할 수 있지 않을까요?

그런데 억압의 영향과 억압될 수 있는 힘의 영향에 대해 물

3 횔덜린은 1806년에 독일 튀빙겐대학의 병원에 정신 질환이란 병명으로 강제 입원을 하게 됩니다. 실제로는 그전부터 정신 질환자로 보였다고 합니다. 그는 병원에서 반년 이상 약물 치료를 받은 것으로 보입니다. 1807년부터는 "횔덜린의 탑Hölderlinturm"이라고 불리는 집에서 보살핌을 받으며 살았고, 1843년에 생을 마감했습니다. 횔덜린의 최고의 작품으로 불리는 후기의 송가들은 1800년부터 1806년 사이에 창작되었습니다. 강제 입원 후에도 남긴 작품들이 있습니다.
4 반 고흐는 1889년에 고갱과의 다툼 후에 자신의 귀를 스스로 잘라냈습니다. 이 사건은 반 고흐의 정신 질환이 최초로 나타난 일로 간주됩니다. 그 뒤로 1890년에 생을 마감할 때까지 고흐는 멈추지 않고 계속 그림을 그렸습니다. 이 시기에 〈별이 빛나는 밤〉과 같은 걸작이 많이 창작되었습니다.

을 때 누가 옳은지를 우리는 어떤 방법으로 결정해야 할까요?

정신분석학자: 분석적 심리 치료[정신분석요법]의 성과가 증명하고 있습니다. 억압이 해소되면 환자는 건강해집니다.

저: 그렇다면 신경증의 치료법이 그대로 정신의 창작에도 적용될 것입니다. 이렇게 치료하면 그런 창작은 일어나지 않을 것입니다.

그런데 일반적으로 정신분석의 성과는 어떻습니까? 특정 신체 부위에서 나타나는 증상에 대한 [치료] 성과는 다른 [치료] 방법으로도 마찬가지로 달성된다는 것이 증명되었습니다.[5] 그렇지만 심적 상태에 대한 성과는 근본적으로 다른 성격을 가지고 있습니다. 그 상태에 대한 성과를 도출해내는 요인은 무엇일까요? 그 기준은 무엇일까요?

정신분석학자: 결정적 증거는 정신분석학이 참되다는 것을 몸소 인정하는 환자들의 동의입니다. 우리는 헛된 토론을 하고 있습니다. 당신은 자기 자신을 분석에 맡겨야 합니다. 그래야 비로소 당신은 토론의 전제가 되는 경험을 할 것입니다.

---

[5] 야스퍼스는 프로이트가 치료했던 안나Anna라는 환자를 염두에 두고 있는 것 같습니다. 안나는 환상을 보았고 말을 하지 못했고 신체 마비를 앓았습니다. 안나는 정신분석요법을 통해서 회복되었고 사회생활을 할 수 있게 되었습니다. 하지만 실제로는 안나가 히스테리증이 아니라 결핵수막염이나 측두엽간질을 앓았다는 주장도 있습니다. 이런 질환은 정신분석요법이 아닌 다른 방법으로도 치료가 가능했을 것입니다.

저: 젊었을 때 저는 심리학적 관찰의 모든 가능성을 알고 싶어서 얼마 동안 분석을 받아보았습니다.[6] 그러나 정신분석을 해준 친구가 얼마 후에 저에게 다음과 같이 말해주었습니다. '자네의 이론이 너무 강한 선입견이어서 나는 자네의 무의식이 말하게 할 수 없다네.'

그러나 당신은 핵심을 말했습니다. 정신분석을 받는 사람의 동의 말입니다. 그런데 이런 동의는 무엇에 대한 증거인가요?

결코 모든 사람이 동의할 수는 없습니다. 동의는 오직 분석을 받는 사람에게서 정신분석학에 대한 믿음이 형성되었을 때만 있을 수 있습니다.

그러면 우리는 정신분석학자의 진리와 철학적 믿음의 진리 사이에서 어떤 결정을 내려야 할까요?

정신분석학자: 매우 간단합니다. 다시 한번 말씀드리겠습니다. 당신은 스스로를 분석에 맡겨야 합니다. 그러면 당신은 자기 자신을 통해서 진리를 경험할 것입니다.

저: 알겠습니다. 그러면 이렇게 됩니다. 다른 사람을 분석받는 상황으로 데려올 수 있는 사람이 옳게 됩니다. 그러면 이 분석받는 사람은 자신을 이해하면서 실제로는 정신분석학자에

---

6 야스퍼스는 1913년에 『정신병리학 총론』이라는 제목의 책으로 하이델베르크대학 심리학과의 교수자격을 취득했습니다. 그 무렵 야스퍼스는 프로이트의 정신분석학에 대한 연구도 수행하고 있었습니다.

의해 주입된 것을 사실로 인정하게 됩니다. 이와 마찬가지로 이 정신분석학자 자신도 주입을 받았습니다. 오늘날 분석학자는 분석을 위한 수습 기간을 거치도록 요구되지만, 모든 사람이 분석할 자격을 갖춘 것은 아니라는 점도 시인되고 있습니다. 이런 요구와 시인은 모순되지 않습니다. 왜냐하면 자신의 비판적 이성을 놓지 않는 사람은 재능이 없는 사람으로 알려지고, 중간에 포기할 수밖에 없기 때문입니다.

정신분석학자: 그래도 정신분석의 치료법은 저에게 가장 합리적인 것으로 보입니다. 정신분석을 받는 경험에 스스로를 노출하고 그 경험으로 치료 효과의 의의를 배우는 것은 자유로운 의지에 의한 것이지 결코 강제된 것이 아닙니다. 왜 당신은 주입에 대해 말씀하십니까? 주입은 전체주의적 지배 체제가 구축된 영역에서 사용되는 방법입니다. 당신은 자유에서 생겨나 자유로이 머물러 있는 것을 강제되고 자유롭지 못한 것이라고 하며 부적합한 것으로 만들고 있습니다.

저: 어떤 폭력이나 협박도 없다는 점에서는 당신이 옳습니다. 제가 이런 치료법을 주입이라고 부르는 이유는 치료법이 숙련, 반복, 감명, 지도의 과정으로 이루어져 있기 때문입니다. 이런 과정은 수도사의 수련과 유사합니다. 비판적인 생각을 침묵시킨 채 덮어놓고 믿으려고 하면 치료법은 결국 세계와 자아에 대한 궁극적인 규정이 되어버립니다.

정신분석은 주입이지 과학적 경험이 아니라고 증언하는 사람 중에는 정신분석을 경멸하고 포기하며 분개한 환자들도 있습니다.

정신분석학자: 당신은 과학적 논쟁의 영역을 계속해서 벗어나고 있습니다. 말씀하신 것은 더 이상 비판이 아니라 당신이 싫어하는 주제를 불리하게 만드는 선전입니다. 당신은 이 주제를 부적합한 것으로 만들려고 합니다. 당신은 어쨌든 집착을 가지고 있습니다.

4. 이와 같은 토론들에 관하여

이렇게 간단하게 소개된 토론들은 맑스주의와 정신분석의 주제 전체를 전혀 묘사하지 못합니다. 또한 맑스주의와 정신분석이 대체로 맹신적 태도에도 불구하고 세부적으로 이룬 성과들도 결코 묘사하지 못합니다. 특히 맑스의 모습을 보여주지 못합니다. 그러나 토론들이 아무 성과도 내지 못했음은 잘 드러났을 것입니다. 앞의 토론들의 근본 특징은 다음과 같습니다.

즉 과학적으로 증명할 수 있는 맞는 것에 대해서 토론할 때에는 토론자들의 초점이 지성을 갖춘 사람이라면 누구나 알 수 있는 것, 즉 객관적 사실에 맞추어져 있었습니다. 그러나 삶을 지탱하고 형성하고 충전하는 진리에 대해서 토론할 때에는 토론자들의 지성뿐만 아니라 본질도 진리의 근거가 되었습니다.

5. 보편 과학과 철학: 전문 과학적 기초의 결여, 보편 과학과 전체주의적 과학, 철학적 원동력의 왜곡, 예언하는 사이비 철학으로서 심리학과 사회학, 1931년의 발언들

맑스가 사회학의 전부는 아니고, 프로이트가 심리학의 전부는 아닙니다. 그러나 이 두 인물의 독특한 영향은 사회학과 심리학이 갖는 이중의 가능성에 대한 증거가 됩니다. 즉 인간에 대한 제대로 된 지식을 얻을 가능성과 예언자처럼 나타난 비뚤어진 철학이 될 가능성 말입니다. 무엇 때문에 두 가지 가능성이 나타나는 걸까요?

첫째, 심리학과 사회학은 전문 과학적인 기초를 가지고 있지 않습니다. 두 분야의 과학자는 각각 숙련을 통해 형성된 특수한 과학성을 필요로 합니다. 어문학자, 역사가, 법률가, 생리학자, 의학자, 신학자 등등도 마찬가지입니다. 이렇게 토대가 없는 곳에서 사람들은 누구나 아는 빈말에 빠지게 됩니다.

둘째, 심리학과 사회학은 보편 과학입니다. 모든 것은 두 과학의 대상이 될 수 있는 측면을 적어도 하나는 가지고 있습니다. 하지만 두 과학이 보편 과학에서 전체주의적 과학이 될 때, 다시 말해서 두 과학이 각각 획득한 방법의 관점에 따라서 모든 인간적 현상을 그 시야에 끌어넣을 뿐만 아니라 또한 인간의 본질 전부를 두 과학의 대상으로 착각할 때 두 과학의 의미는 왜곡됩니다.

셋째, 대상을 인식하는 심리학과 불러낸 것을 뚜렷하게 설명하는 철학은 서로 같은 것에 대해 말하는 것처럼 보입니다. 그러나 심리학의 경우 모든 것이 왜곡됩니다. 정신분석을 사례로 들어보겠습니다. 철학함은 실존을 스스로에게 투명해지는 길로 이끄는 반면 정신분석은 그 폭로의 방식으로 새로운 폐쇄성을 만들고, 그만큼 실존을 더 깊이 고립되게 합니다. 철학함은 구체적인 상황을 뚜렷하게 설명하는 반면 정신분석은 실존에 아무 의미도 없는 꿈의 해석으로 유인합니다. 철학함은 한계상황에서 운명이 스스로 드러나게 하지만 정신분석은 자아의 무의식 안에 있는 천국과 지옥에 대한 사이비 지식을 통해 [실존을] 속입니다. 결국 실존의 타고난 고귀함에서 나오는 확실한 요청이 내면의 추악함과 천박함에 대한 인정으로 왜곡됩니다.

넷째, 정신분석의 가설은 크게 변화해서 근본적 존재에 대한 지식이 됩니다. 이 지식은 세계를 정신 질환에 걸린 것으로 만드는 존재론입니다.

다섯째, 진지한 실존은 얄팍한 정신분석적 태도가 되어버립니다.

이렇게 정신분석과 맑스주의는 사이비 철학이 됩니다.

정신분석과 맑스주의는 각각의 방식으로 인간의 상실을 자기소외로 보고, 구원의 방법이 되기 위해 나섭니다. 맑스주의는 정치를 통해서, 정신분석은 정신요법을 통해서 말이죠. 정신분석과 맑스주의는 서로 결합할 수 있습니다. 1933년에 뛰어난 정신분석학자 한 사람이 저에게 히틀러의 행위는 역사상 최대의 심리 치료적 행동이라고 말해주었습니다.

1931년에 저는 제 책『시대의 정신적 상황』에서 맑스주의, 정신분석학, 인종에 대한 이론, 즉 일반적으로 말하면 사회학, 심리학, 생물학적 인류학이 세계관으로 변하면서 그 과학다움을 상실했다고 말했습니다. 저는 그것들을 인간의 본질에 반하는 우리 시대의 세 가지 정신적 적대자라고 불렀습니다. 이런 적대자에 맞서 우리 자신으로 존립하기 위해서 우리는 철학을 해야 합니다. 철학은 모든 사람 안에서 행해지지만, 명시적이고 체계적인 철학함에 의해 선명해집니다.

6. 전체주의적 과학의 결과들: 심리학과 사회학에서의 권력의지, 인간을 변화시키려는 계획, 진리와 믿음의 파괴

심리학과 사회학이 전체주의적 과학으로 왜곡될 때 그 지지자들에게는 이따금 주목할 만한 현상들이 보입니다.

즉 권력을 원하는 의지가 진리를 원하는 의지보다 우위를 차지합니다. 이와 같은 인간에 대한 앎은 마치 인간보다 위로 솟아 있는 것 같습니다. 사람들은 때때로 놀라울 정도로 거만한 태도를 보입니다. 마치 자신들이 가진 지식이 심오하고 모든 것을 드러내는 절대적인 것인 양 말이죠. 이런 지식을 가지고 그들은 당혹스러워하는 인간을 내려다봅니다. 그들은 스스로를 세계의 뛰어난 정신적 지배자로 느낍니다. 이런 느낌은 그들이 인격적으로 정말 왜소하다면 더욱더 우스꽝스럽게 보일 것입니다.

십여 년 전에 저는 여행을 하면서 어떤 유명한 심리 치료 의사를 방문했습니다. 그 의사는 왜소한 인간이 아니었고, 학생 시절에 저와 친분이 있던 사람이었습니다. 제가 의사와 면담하는 중에 귀중한 시간을 빼앗아서 미안하다고 말하자 의사는 이렇게 답했습니다. "전혀 미안해하지 마세요. 잠깐 조련사의 일을 쉴 수 있어서 저는 기쁘답니다." 비록 농담이었지만 적절한 말이었습니다! 왜냐하면 그곳에서는 자유로운 소통의 형태로 싸움이 벌어지고 있었기 때문입니다.

인간에 대한 전체주의적 지식이 인간을 좌지우지할 힘을 가져다준다고 믿고 있는 학자가 있습니다. 그 학자는 인간의 삶을 그 지식에 따라 조정하고 싶어 합니다. 사람들은 실제 지식에 근거해 현실의 삶의 조건을 제한된 범위 안에서(노동 기술, 심신 상태나 위생 상태의 관리에서 제도에 이르기까지) 실제로 다루고 변형시키고 형성할 수 있습니다. 따라서 인간도 인간의 지식에 의해 변화시키고 사육하고 조작할 수 있는 존재라는 견해가 생겨납니다.

심리학과 사회학이 과학적 가능성의 범위를 넘어서자마자 그것들은 인간을 비하하는 경향을 드러냅니다. 두 과학은 믿음과 진리를 심리적 사실로만 간주하게 합니다. 심리학과 사회학은 믿음과 진리를 경험할 수 있는 대상으로 보고, 이미 다 밝혀진 것으로 보는 경향이 있습니다. 그래서 두 과학은 믿음과 진리를 파괴합니다. 남아 있는 것은 심리학과 사회학 자체의 불분명한 사이비 믿음뿐입니다.

7. 철학하는 사람의 근원성

그런 사고방식은 인간에게 위험합니다. 그런 사고방식은 인간에 대한 전체주의적 규정에 따라 인간을 노예로 만드는 이미지와 함께 작동합니다. 그 이미지는 인간을 과학적 맹신의 편견에 사로잡히게 합니다. 그 이미지를 따르면 우리는 우리 자신으로부터 떨어져 나가게 될 것입니다.

심리학과 사회학의 순수한 과학성을 강조하는 것은 철학함의 결과이고, 반대로 철학할 수 있는 여지를 주는 것입니다.

우리의 심신의 삶, 우리 세계의 사회·정치적 상태, 우리의 일반 의식과 그 범주에 따른 사고 가능성에 우리가 의존하고 있다는 것을 우리는 알고 있습니다. 우리는 그 모든 것을 우리의 과학, 즉 심리학, 사회학, 논리학의 대상으로 삼습니다. 그러나 우리는 이렇게 의존하며 살아가고 사고할 때 독립된 장소를 찾고 있고 철학을 하고 있습니다. 그러면 우리는 우리 자신과 우리가 갇혀 있는 세계를 마치 다른 곳에서 보는 것처럼 바라보게 될 것입니다.

그곳이야말로 우리가 우리 자신으로 있는 장소입니다. 그 장
소에는 어떤 과학도 이르지 못합니다. 심리학이나 사회학도 전
혀 그럴 수 없습니다. 오히려 그 장소로부터 두 과학도 비로소
그것들의 참된 원동력과 한정된 의미를 얻습니다.

아홉 번째 강의: 공개성

1. 사례들

1962년에 독일 시사 주간지 『슈피겔』 사건으로 언론, 의회, 정부가 흥분했고, 국가에 대한 반역이 일어났다고 충분한 근거도 없이 이야기되었으며, 경찰은 급하게 많은 사람을 체포하여 테러 상태를 연상케 했습니다.[1] 그러자 언론의 자유란 도대체 무엇을 의미하는가 하는 물음이 공개적으로 활발하게 제기되

---

[1] 『슈피겔Spiegel』 사건은 독일의 역사에서 언론의 자유에 대한 최대의 침해로 간주됩니다. 1962년 10월 8일 『슈피겔』은 서독의 방위 전략의 문제점과 관련된 문서를 기사화했습니다. 연방 검사와 국방부 장관은 국가 반역죄라는 명목으로 『슈피겔』의 사주와 편집자들을 구속했고, 사옥과 사무실에 대한 압수 수색을 진행했습니다. 언론 탄압을 우려한 여론은 들끓었습니다. 결국 아데나워 총리와 국방부 장관이 물러났고, 『슈피겔』 사건 관련 소송은 연방 법원에서 증거 불충분으로 기각되었습니다.

었습니다.

주간지가 폭로한 내용에 따르면, 헌법의 수호를 담당하는 정부 부서가 헌법에 위배되는 도청을 지시했고, 그 사건에 책임이 있는 장관은 자신의 공무원들에게 항상 기본법[독일 헌법]을 팔에 끼고 돌아다니도록 요구할 수는 없다는 조롱조의 반응을 보였다고 합니다. 그때 사람들은 헌법의 불가침성이 의미하는 바를 깨달을 수 있었습니다.

그 부서에서 일하던 한 남성은 자신의 부서에서 벌어진 위헌 행동을 주간지에 제보해서 공개했고, 국가 반역 혐의로 고발되었습니다. 그때 사람들은 비밀 유지라는 공직자의 무조건적인 의무 때문에 모든 사람의 이익이 침해되는 일에 관해 생각해볼 수 있었습니다.

노동조합이 고용주와 교섭하면서 기업의 수입 일부가 비밀스러운 방법으로 획득되고 그 수입이 어디로 가는지 모르겠다고 불만을 털어놓을 때, 사람들은 상호 간의 철저한 공개성 없이도 과연 합리적인 교섭이 가능한지 의문을 던질 수 있습니다.

2. 진리를 원하는 의지와 권력을 원하는 의지

이런 사례들 각각에서는 은폐하려는 권력과 공개적으로 보도하려는 진리 사이의 충돌이 보입니다.

이 극복할 수 없는 충돌은 우리 모두에게 내재하는 것입니다.

먼저 우리의 개인적 삶에 대해 말해보겠습니다. 우리 인간은 우리가 상상해낸 천사와 같은 존재가 아닙니다. 천사들은 (그들에 대한 오래된 이론에 따르면) 서로에게 완전히 투명하고, 감동으로 충만한 무시간적 상태 안에서, 즉 순수한 진리의 빛 안에서 폭력을 사용하지 않고 살아갑니다. 하지만 우리 인간이 짐승과 같은 존재인 것도 아닙니다. 우리는 사랑의 투쟁 속에서 함께 살아갈 수 있습니다. 그 투쟁 중에 우리의 진리가 자라날 것입니다.

우리 안에 있는 진리의 경쟁자는 바로 그 옆에 있는 권력의지입니다. 진리를 원하는 의지는 공개하려 하고, 권력을 원하는 의지는 폐쇄하려 합니다. 만일 우리가 권력의지를 없앨 수 있다면 폐쇄성은 사라질 것입니다.

그러나 우리에게는 이런 충돌만 내재하는 것이 아니라 우리 안에서 우리 자신에게 맞서는 경쟁자와 투쟁하면서 본래적인 인간이 되어야 한다는 요청도 내재합니다. 그렇기 때문에 우리는 인간인 것입니다.

권력의지는 진리의 가면을 씁니다. 그렇게 권력의지는 진리를 향해 경의를 표하면서 그 가면을 권력의 수단으로 사용합니다. 권력의지는 거짓을 진리로 만듭니다. 허위를 통해서 권력은 살아가고, 우위를 차지합니다.

권력의지가 특히 이런 형태를 취하는 경우는 그 배후에 폭력을 원하는 의지가 도사리고 있을 때입니다. 여기서 폭력은 지능적으로 압도하고, 대담하게 도발하고, 위협하고, 교활하게 기만하는 폭력을 말합니다. 그러나 권력의지도 그 자체로 진실한 것일 수 있습니다. 진리도 권력입니다.

우리는 우리의 폐쇄성과 허위를 그만두고 싶어 합니다.

왜 우리는 진리를 원하고, 공개성을 원하는 것일까요? 왜 우리는 숨죽이며 비밀을 지키려고 하지 않을까요?

첫째, 진실성은 우리 인간의 품격이기 때문입니다. 진실하지 않은 우리는 우리 자신이 싫어합니다.

둘째, 우리는 서로 함께할 때만 진리[진실]에 도달할 수 있기 때문입니다. 즉 숨죽이고 있을 때 우리는 우리 자신과 진실한 관계를 맺지 못합니다. 완전히 개방된 채 조금의 거리낌도 없이 진실하게 대하면서 대립할 수 있는 상대가 없는 사람은 곤경에 처한 것입니다.

개인의 삶에서 그런 것처럼 공동체 안에서도 공적으로 중요한 일에 대해 숨죽이고 있으면 모든 일의 흐름이 진실하지 못하게 됩니다. 공적 차원에서의 허위는 개인적 차원의 허위를 반영합니다. 우리는 어둠 속에 살고 있습니다. 모든 사람이 각자자신의 운명에 따라 행동하면서 자기 자신에게 투명해지고 싶은 것처럼 우리는 공동의 운명에 따라 함께 행동하면서 우리에게 투명해지고 싶습니다.

3. 정치의 영역

이로써 우리는 정치의 영역으로 들어섭니다.

우리는 자신이 조금도 영향을 미치지 못할 것 같은 경제적·정치적 결정 및 발전의 손아귀 안에 있음을 보게 됩니다. 그러면 우리는 비정치적인 삶으로 도피하고 싶어질 것입니다. 그러나 경제와 정치의 발전 역시 인간이 이룹니다. 인간은 숙고할 수 있고, 인식할 수 있고, 자신의 행동을 바꿀 수 있고, 함께 생각할 수 있으며, 함께 행동할 수 있습니다. 따라서 비정치적인 삶으로 도피하는 것은 우리를 방임의 범죄를 저지른 공범으로 만들 것입니다.

인간의 실존에 뿌리를 내린 우리의 확신, 즉 철학적으로 성숙한 의식에 이른 우리의 확신은 다음과 같습니다. 정치적·경제적 삶은 공개적 진리를 통해서만 우리에게 좋은 방향으로 흐를 수 있습니다. 최대한의 공개성은 진리를 위해 필요합니다.

이제까지 정치에서 부정不正, 책략, 거짓은 자명한 수단이었습니다. 그러나 부정한 이득은 항상 미래를 대가로 얻은 순간적인 삶의 이익에 불과합니다. 장기적으로 부정은 삶 자체에 손해를 끼칩니다. 진리는 거짓을 능가합니다. 거짓 위에 세워진 국가가 비극적 운명을 맞닥뜨리는 것은 그 국가의 오래된 거짓에서 생겨난 정책 때문입니다.

폭력과 거짓으로 넘쳐나는 현실을 인정하려 하지 않는 것은 의지가 자기 자신을 속이고 있기 때문입니다. 지금도 사실상 벗어날 수 없는 이 현실을 바로 볼 경우에만 우리는 이 현실 안에서 존립할 수 있고, 이 현실에 제한을 가할 수 있습니다. 그러기 위해서는 폭력과 거짓이 은밀하게, 서서히 하루하루 자라나다가 결정적인 순간에 모든 것을 압도하면서 확고한 자리를 차지할 때까지 우리가 속고 있어서는 안 됩니다. 즉 진리가 무제한으로 공개되어야 합니다.

4. 정치적 자유의 이념으로부터 나온 공개성은 자유로운 정치적 상태와 함께 책임지는 국민을 위한 조건이고, 국민이 정치적으로 스스로 성숙해지는 공간이고, 오직 하나뿐인 절대적 이익입니다. 공개성은 진실하고 자유롭고 향상될 수 있는 투쟁이 일어나는 곳, 즉 공공의 공간입니다

공개성은 자유로운 국민의 정치를 위한 공간입니다. 공개성의 정도가 국민이 자유로운 기준이 됩니다. 우선 공개성의 이상적 모습을 간략하게 묘사해봅시다. 정치적 자유는 모두의 운명을 결정하는 일이 공개적으로 일어나기를 요구합니다. 그 일은 공개적으로 숙고되어야 하고, 그에 대한 결단도 공개적으로 준비되어야 합니다. 맹목적인 신뢰를 보내는 것이 아니라 그 결단에 근거해서 동의해야 합니다. 자유로운 국민은 함께 알고 함께 생각함으로써 통치자의 행동에 동참하고, 제도의 수립과 법의 제정에 참여합니다. 국민이 자유로운 곳에서는 정치인으로 출세할 기회가 있습니다. 정치인들은 직장인 연합, 이웃 모임, 자유로운 정치 토론회 같은 작은 단체들로부터 나옵니다. 그 단체들 안에서 그들은 스스로가 신뢰할 만한 인물이고, 판단에 능하고, 사정에 밝은 지도자임을 보여줍니다. 먼저 그런 단체들을 거쳐 정치인이 되는 것이지, 처음부터 전업으로 정치를 하는 사람을 선출하는 정당 사무국을 통해서 그 자리에 오르는 것이 아닙니다. 정치인들이 눈에 띄는 이유는 정치의식이 국민에게 널리 퍼져 있기 때문입니다. 그들의 태도, 즉 말과 글은 널리 공개됩니다. 선거 때 유권자들은 자신들이 누구를, 그리고 무엇을 선출하는지 알고 있습니다. 자유로운 국민은 자신의 정부와 그 통치에 대한 책임이 스스로에게 있음을 알고 있습니다. 이런 국민 가운데 한 사람이 되는 것은 자유로운 인간이 되는 것을 가능하게 합니다. 자유인은 시민이 될 수 있습니다.

이와 같은 묘사는 이상향을 보여줍니다. 이상향은 판단의 척도가 되고, 그 이상향에 다가가게 하는 원동력이 된다는 점에서 의미가 있습니다. 현실은 또 다른 모습을 하고 있습니다.

우리의 현실에서 공개성[공론장]은 단순히 국민을 반영하는 곳이 아닙니다. 공론장은 국민이 스스로 정치적으로 성숙해지는 공간이 되어야 합니다. 자유의 가능성을 지닌 국민은 스스로의 잘못과 운명에 직면했을 때 가만히 있지 않습니다. 이런 국민은 다른 국민 및 통치자와 대립하면서 스스로 성숙해지기를 바랍니다. 어떤 변화에도 변하지 않는 유일한 과제는 정치적으로 자유로운 삶을 확립하고 보존해야 한다는 것입니다.

사고방식을 끊임없이 훈련하고, 일상의 현실 속에서도 중대한 결정을 내리는 순간에 우리는 스스로 성숙해집니다. 구체적인 상황에서 비로소 경험이 쌓이고 판단력이 입증됩니다.

공론장은 먼저 보도報道의 공간이고, 그다음에 정신적 투쟁의 공간입니다. 공론장은 실질적으로 눈앞에 있는 공개적 의견[여론]과 같은 것이 결코 아니고, 권위 있는 표준으로 확정될 수도 없습니다.

공론장 안에서는 개인들의 이해관계가 보입니다. 한 개인의 이익은 다른 개인의 이익과 충돌합니다. 그래서 개인의 이익을 공개적인[공적인] 이익으로 간주하기를 요구하는 것은 모두에게 이익이 되는 경우에만 정당할 수 있습니다. 어떤 사익도 공익, 즉 보눔 코무네bonum commune[공동의 선善]와 동일시되어서는 안 됩니다.

공익은 오직 하나뿐이고 그것만이 절대적입니다. 투쟁은 여러 이익 간의 서열을 둘러싼 투쟁이면서 동시에 모두의 이익을 묶어주는 공동의 것을 둘러싼 투쟁입니다. 그것은 바로 자유, 즉 레스 푸블리카res publica[공공의 것, 공화국republic]입니다. 두 가지 투쟁은 참으로 진실하게 함께 일어날 수 있습니다.

5. 저술가의 공개적 세계

오늘날의 우리는 특히 강연자와 저술가, 신문과 책, 라디오와 텔레비전의 세계를 공론장이라고 부릅니다. 이런 공론장은 유일한 진리가 존재하는 자리가 아니라 진리를 둘러싼 투쟁의 자리입니다.

저술가들은 정부와 국민 사이, 행동하는 정치인과 공론장에서 말하지 않는 모든 국민 사이에 있는 제3의 힘을 갖습니다. 그들은 모든 사람을 연결하는 언어를 만들어냅니다. 그러나 저술가들의 힘은 그들이 독립해 있는 한에서만 고유한 의미를 지닙니다.

저술가들의 힘은 바로 설득력입니다. 다른 힘은 전혀 없어서 그들은 종종 멸시를 받습니다. 그럼에도 그들은 관념을 창조하고 사고방식을 훈련합니다. 그들이 하는 일은 대체로 쇠귀에 경 읽기일지도 모릅니다. 그러나 그들이 일할 때 세계를 움직일 수 있는 일이 일어납니다.

철학자를 저술가라고 불러봅시다. 철학자에게는 성숙한 안목이 있으므로 지배자로도 적임이라고 플라톤은 믿을 수 있었습니다. 이로부터 그의 유명한 말이 나왔습니다. '국가는 철학자가 왕이 되거나 왕이 철학자가 될 때 비로소 질서가 잡힐 수 있습니다.'

그런데 이 말은 개인의 가능성과 생각에 전념하는 철학자의 가능성을 지나치게 과대평가한 것처럼 보입니다. 칸트는 플라톤의 요구 안에 숨어 있는 진리를 자유를 원하는 우리의 의지에 부합하도록 달리 표현했습니다. 칸트는 이렇게 말합니다. '통치자는 철학자들이 자유롭게 말하게 해야 하고, 그들의 생각을 듣고 참조해야 합니다.' 이 말이 실현되기 위해서는 철학자들이 자신들의 생각을 공개적으로 알리고 논쟁해야 합니다. 칸트는 왕이 철학을 하거나 철학자가 왕이 되는 것을 기대하지 않습니다. 심지어 그것이 가능하다고 해도 전혀 바람직하지 않을 것이라고 합니다. 이유는 이렇습니다. "권력의 소유는 이성의 자유로운 판단을 타락시키고야 말 것이기 때문입니다." 계속해서 그는 말합니다. "그러나 왕 또는 (평등법에 따라 자기 자신을 지배한다는 의미에서) 왕이 된 국민은 철학자 계급을 없애버리거나 침묵시키지 않고 오히려 철학자들이 공개적으로 말하게 해야 합니다. 그래야 왕도 국민도 자신이 해야 할 일을 깨달을 수 있을 것입니다." 칸트는 이 철학자 계급을 좋게 보았습니다. '철학자들은 그들의 본성상 당파, 단체, 파벌 같은 것을 조직할 능력이 없습니다. 그들은 선전 선동을 했다는 혐의를 받을 수 없습니다.'

　조언하는 철학자들 간의 공개적 대화라는 칸트의 이상적 생각과 철학자의 본성에 관한 그의 주장은 마치 저술가의 마그나 카르타Magna Charta처럼 보입니다. 철학자들은 하나의 계급으로 불리지만 어떤 기관도 소유하지 않습니다. 그들의 자유로운 삶은 자유로운 국민의 본질에 속합니다.

자유롭지 못한 국민의 정부는 제3의 힘, 즉 정신[저술가의 사상]의 힘에 저항합니다. 그 정부는 자신의 목적을 위해 저술가들을 이용하는 것이 가능하다면 그렇게 합니다. 그 정부는 언론에 정보를 제공합니다. 공개적으로 제공되는 정보는 제한되어 있고, 위험하다고 여겨지는 모든 경우에 은폐됩니다. 개인적으로 상세하게 제공되는 정보에는 대가성이 있습니다. 정보를 제공받는 사람들은 정부를 교묘하게 도와서 정부에 대한 신뢰를 높이고, 진지하며 단호하고 진실한 요구를 무마합니다. 이런 정부는 자신이 개인적 견해라고 부르는 것을 저술가들이 대중매체를 통해 전파하면 분개합니다. 정부는 정신을 찬양하지만, 이는 정부를 돕는 정신만 염두에 둔 것입니다. 정부는 언론과 언론의 자유를 찬양하지만, 이는 정부를 돕는 언론만 염두에 둔 것입니다. 그러나 정부는 자신이 그러는 줄도 모릅니다. 왜냐하면 정부 자체가 정신을 거의 가지지 않기 때문입니다.

6. 이상과 현실

따라서 공개성을 공동체의 진리의 근원으로 보는 이상은 현실과 항상 부분적으로만 일치합니다. 그러나 제가 말한 것처럼 이런 이상은 실제로 공개성이 얼마나 제한되어 있는지 그리고 얼마나 타락했는지를 판단하는 기준이 됩니다. 좋은 정치는 현실의 상황에서 의식적으로 근본에 충실할 것이고, 통치하고 관리하고 행정을 펼칠 때 그 이상에 접근하도록 장려할 것입니다.

내면의 자유를 지닌 왕다운 국민의 자기의식은 그런 접근을 요청합니다. 이와 같은 자기의식은 과거에 한번은 자유로웠던 모든 국가의 전통 속에 어느 정도는 살아 있습니다. 그렇지 않은 국가에서는 모든 정치인은 아니더라도 정치인 대부분이 저 이상에 반대되는 상태를 자명하고 당연한 것으로 간주합니다. 그리고 그 정치인들은 그렇게 함으로써 그 상태를 강화합니다. 그러나 그들이 저 오래된 자유를 이해하게 되면 더 좋고 본래적인 정치력을 발휘하도록 고무될 것입니다.

자유로운 국민은 전 국민의 모든 계층에서 유래한 소수의 정신적 귀족에 의해 항상 규정됩니다. 자유로운 국민은 그들을 통해서 스스로를 다시 인식하고, 그들과 함께 자신의 민주주의를 실현합니다.

공개성을 제한하는 두 가지 현실, 즉 비밀 유지와 검열에 대해 살펴보겠습니다.

7. 비밀 유지

정부, 정당, 부서, 기업, 언론사 편집국 그리고 모든 관료주의는 비밀 유지를 요구합니다. 이는 당연한 것으로 간주됩니다. 비밀 유지는 아주 사소한 일에까지 적용됩니다. 직무상의 당연한 의무로 간주됩니다. 비밀을 유지하지 않으면 처벌을 받습니다.

비밀 유지는 특정 영역에서는 반드시 필요합니다. 가령 화폐 제도를 변경하려는 기획은 최후의 순간까지 비밀에 부쳐져야 합니다. 공무상의 비밀은 그 기간이 정해져 있습니다. 이런 비밀은 행정 업무의 원활한 진행 또는 전문 위원회의 교섭을 가능하게 합니다. 어떤 일이 일시적으로 비밀에 부쳐진다고 해서 누군가를 속이는 것은 아닙니다.

적국과의 관계에서는 다릅니다. 그 관계는 힘과 관련하여 규정되어 있습니다. 적국과 관계를 맺을 때 지켜야 하는 원칙에는 기만이나 책략뿐만 아니라 비밀 엄수도 포함됩니다. 타국과의 관계에서 비밀을 전달하는 것은 반역, 기밀 누설, 스파이 행위라고 불립니다.

한 국가가 비밀을 어떻게 취급하는지가 그 국가의 본질을 결정합니다. 공동의 자유를 세우고 개선하고 보존하는 시민들 사이에는 어떤 비밀도 존재해서는 안 됩니다. 비밀이 유지된다면 무엇인가가 잘못된 것입니다. 얼마 동안은 부득이하게 비밀을 유지해야 할 수도 있습니다. 하지만 이때 관계자들은 그 일을 마지못해 행합니다. 왜냐하면 비밀 유지는 자유를 제한하는 것으로 간주되므로 최소한으로 해야 하기 때문입니다. 이때 공동의 자유에 근거해 공개성을 원하는 의지는 이렇게 필연적인 비밀조차 유지하기 어렵게 만듭니다. 반면에 권력의지는 비밀 유지를 열렬히 바라면서 모든 일의 공개성을 보장하기 어렵게 만들고 시민을 아랫사람으로 만듭니다.

현실에서는 숨기려는 힘, 은폐하려는 힘, 속이려는 힘이 매우 강하게 나타나기 때문에 자유로운 국가는 그런 힘과 부단히 투쟁할 것을 요구합니다. 가령 다음과 같은 법을 제정할 필요가 있을 것입니다. 모든 공무원은 자신의 부서에서 알게 된 위헌 혹은 위법 사건을 업무상으로 보고할 뿐만 아니라 공개적으로도 알릴 수 있으며, 알려야 할 권리와 도덕적 의무를 집니다. 그저 보고하기만 할 경우 그 사건은 은폐되거나 인멸될 수도 있습니다.

비밀 유지를 최소한으로 제한하려는 의지는 자유의 무조건적인 요구를 따릅니다. 왜냐하면 공개된 진실성에 대한 정치적 소신이 자유의 조건이기 때문입니다.

8. 검열

참된 공개성은 검열을 금지합니다. (명예훼손죄 등으로) 출판물을 형법에 따라 처벌해야 할 경우에만 형벌이 가해져야 합니다. 그리고 이 명예훼손죄는 그 범죄자가 큰 손해를 입을 정도로, 지금까지와는 다르게 높은 벌금으로 무겁게 처벌해야 할 것입니다.

그러나 언론의 자유와 관련해서 그것이 계몽이 아니라 혼란을 초래한다는 이의도 있습니다. 언론의 자유는 정부 및 현존 질서에 대항하도록 선동하려는 경향을 부추깁니다. 불만과 불신을 키웁니다. 신앙과 권위에 대한 조소를 허용합니다. 또 언론의 자유는 진리를 추구할 수 있을 뿐만 아니라 모두를 속일 수도 있습니다. 관심을 가지고 알려는 사람이 아무도 없다면 공적인 기만 상태가 생겨날 것입니다. 그래서 사람들은 검열이 필요하다는 결론을 내립니다. 국민을 해로운 영향으로부터 보호해야 하고, 국민의 안녕을 위해서는 종종 순수한 진리를 숨겨야 한다는 것입니다.

이런 결론에 대한 저의 생각은 이렇습니다. 검열이 미숙한 국민을 전제하는 반면에, 언론의 자유에 대한 의지는 성숙해질 수 있는 국민을 전제합니다. 농민이든 노동자이든, 장군이든 총수이든, 운전사이든 교수이든 상관없이 모든 계층의 개인은 다소간 정치적 판단력을 가지고 있습니다. 우리는 모두 인간이고, 성숙해가고 있습니다. 공개적으로 말해도 되는 것에 관해 검열을 실시하는 사람이 있습니다. 신만이 할 수 있는 일, 즉 정신을 구별하는 일과 진리를 분별하는 일을 담당할 검열관은 누가 선정해야 할까요? 검열로 좋아지는 것은 아무것도 없습니다. 검열도 자유와 마찬가지로 악용되고 있습니다. 물음이 생깁니다. 어느 악용을 선호해야 할까요? 어디에 더 큰 기회가 있을까요?

검열은 진리를 왜곡하고 억압하지만 자유는 진리를 왜곡하기만 합니다. 억압은 절대적이지만 왜곡은 자유 자체를 통해 바로잡을 수 있습니다. 즉 더 큰 기회는 모든 견해의 소용돌이 안에서 견해들 자체를 통해 진리가 인간 안에서 드러나는 데에 있습니다. 이때 진리에 대해 인간이 타고난 감각과 비판적인 공론장의 자정自淨 능력이 도움이 됩니다. 그 밖의 다른 모든 방법은 분명 진리를 몰락시킵니다. 자유의 방법으로 진리가 확실히 드러나는 것은 아니지만 그러기를 희망할 수는 있습니다. 언론의 자유도 검열과 마찬가지로 진리를 위험에 빠뜨립니다. 물음이 생깁니다. 인간에게 더 명예로운 방법과 더 적합한 방법은 어디에 있을까요? 오로지 자유의 길 위에만 있습니다.

9. 공개성의 위험

공개성의 공간이 위험에 처하면 모든 개인의 인격이 위험해지게 됩니다. 이 위험에 대해 말하며 오늘 강의를 마치겠습니다. 모든 사람은 자기가 그 공간으로 들어서고 싶은지 아닌지를 각자 홀로 결정합니다.

안목을 기른 사람은 그 안목을 독점하려고 하지 않습니다. 어떤 것을 만든 사람은 그것을 내보이려고 합니다. 정치적으로 행동하는 사람은 인정받고 싶어 합니다. 이는 커다란 공명심입니다. 공명심은 사람들이 스스로에게 자신의 능력을 속이지 않고 허영에 빠지지 않는 한에서 정당합니다. 그러나 공개성[매스컴]의 공간은 위험합니다.

사람들은 그 공간으로 끌려 들어간 뒤, 그들의 성과가 객관적인 조사를 받는 것이 아니라 그들의 인격이 객관적이지 못한 조사를 받는다고 불평합니다. 이때 다음과 같이 물을 수 있습니다. 공적 인물은 "사생활"의 보호를 어느 정도까지 요구하는 게 정당할까요? 사람들은 공개성의 공간을 원하면서 동시에 거기에서 물러서고 싶어 하는 걸까요?

권력자들의 경우 국민에 아랑곳하지 않고 국민이 행복하든 불행하든 상관없이 자신들 사이의 권력투쟁을 비교적 쉽게 끝까지 이어갈 수 있습니다. 권력자들이 처할 수 있는 위험은 자국의 매스컴 앞에 세워져 샅샅이 공개되는 것입니다. 권력자들은 이 매스컴을 통해서 결단을 내리고 그들의 국민과 함께 그들 자신이 스스로 정치적으로 성숙해지게 만듭니다. 그렇기 때문에 권력자들의 인격은 철저하게 드러나야 합니다. 이런 위험을 통해 비로소 정치가들은 위대해집니다.

다음으로 개인이 처할 수 있는 위험은 말과 저술 그리고 작품을 통해 공개성의 공간에 들어서는 것입니다. 그런 개인은 인격이 드러나고 질문을 받는 것을 자기 일로 받아들여야 합니다. 그 공간에 들어선 사람은 매스컴에 노출된 것입니다. 그렇게 된 사람은 더 이상 이전과 똑같은 사람이 아닙니다.

(순수 자연과학과 몇몇 다른 과학의 경우를 제외하면) 어떤 개인이 말과 저술 그리고 작품에서 다루는 주제는 그 개인이 지닌 인격의 본질을 요구합니다. 그래서 사람들은 그 주제와 인격 모두

를 지켜봅니다. 인격의 실체 전부가 사적인 부분까지 드러나고, 그것이 영향을 미치는 장소에서 판단됩니다. 그 판단은 정치인, 저술가, 인문·사회학자, 시인, 사상가의 경우에 모두 다릅니다.

그래서 매스컴은 거부감을 줍니다. 정치가, 저술가, 시인, 철학자는 모두 그들의 인격이 드러나지 않기를 바랍니다. 그러나 매스컴을 타는 개인으로서 공개적으로 청취되는 동시에 주목받지 않는 인격으로 남겠다는 요구를 정당하게 할 수 있는 사람은 아무도 없습니다. 개인은 진리를 둘러싼 불안정한 투쟁을 벌입니다. 가차 없는 공개성의 공간 안에서 투쟁할 때 주제와 인격은 끊임없이 왜곡, 오해, 열광, 비방에 노출될 수밖에 없습니다.

이런 위험을 무릅쓰는 사람이 공개성이라는 큰 공간에서 경험하는 것은 인간이 가장 작은 공간[자신의 내면]에서 경험하는 것과 같습니다. 그 사람은 공개성의 공간 안에서 생겨난 자신의 이미지들과 자신을 동일시해서는 안 됩니다. 자신이 누구인지도 모르는 채 자신과 그 이미지들을 본의 아니게 동일시하도록 유혹하는 손길을 뿌리쳐야 합니다. 그 사람은 그 이미지들을 견뎌야 합니다. 자신의 근본적인 가능성 안에서 자유로운 자기 자신으로 남아 있기 위해서 말이죠.

제3부 영원에 내린 닻

열 번째 강의: 암어문

1. 사례: 시나이산

성서적 신앙의 위대한 암어문暗語文[어두운 말과 글] 가운데 하나는 [이스라엘 백성의 유일신] 야훼가 모세와 이스라엘 백성에게 십계명을 주기 위해 육체적으로 현신한 데에서 찾아볼 수 있습니다.

"천둥이 치고 연기가 나는 산을 본 모든 백성은 두려워하며 멀리 떨어져 서서 모세에게 말했습니다. '자네가 우리에게 말해줘. 우리는 그렇게 듣고 싶어. 그게 더 좋아. 신께서 우리에게 말씀하시면 안 돼. 직접 우리에게 말씀하시면 우리는 죽을 수밖에 없어!' 모세가 백성에게 대답했습니다. '불안해하지 마! 신께서 오신 것은 너희가 신에 대한 두려움을 잊지 않게 하고, 죄를 범하는 일이 없게 하기 위해서야.' 그리하여 백성은 멀리 떨어져 서 있었습니다. 모세는 신이 계신 먹구름 쪽으로 다가갔습니다."(모세오경 가운데 두 번째 책, 20장).

백성은 모든 것을 모세에게 위임했습니다. 백성은 모세의 권위에, 즉 모세에게 부여된 십계명의 계시에 복종했습니다. 이렇게 복종한다고 해서 그들이 노예가 된 것은 아니었습니다.

이집트[애굽]에서 유대인들은 노예였습니다. 야훼는 그들을 자유롭게 해주었고, 노역장에서 꺼내주었습니다. 그리고 야훼는 자유로워진 유대인들에게 그들의 내면까지 자유롭게 만들 것을 요구했습니다.

> 너는 나 이외에 다른 신들을 섬겨서는 안 된다.
> 너는 너를 위해 신들의 이미지나 그와 비슷한 것을 만들어
> 　서는 안 되고, 신을 따라한 어떤 이미지 앞에서도 엎드려
> 　서는 안 된다.
> 너는 너의 신의 이름 야훼를 무례하게 불러서는 안 된다.
> 너는 네 부모를 공경해야 한다.
> 너는 살인해서는 안 된다.
> 너는 부부 사이를 깨뜨려서는 안 된다.
> 너는 도둑질해서는 안 된다.
> 너는 네 이웃에게 불리한 거짓 증언을 해서는 안 된다.[1]

1　성경을 인용할 때 야스퍼스는 출처를 밝히지 않았습니다. 아마 자신의

십계명에는 무엇이 포함되어 있을까요?

유일신은 어디에서나 우리의 삶을 뭉쳐주는 일자一者의 힘을 반영합니다. 자연 상태의 인간으로서 우리 모두에게 적합한 것은 여러 신을 믿는 것입니다. 신들은 서로 싸웁니다. 신들이 요구하는 것은 서로 일치하지 않습니다. 인간은 자기 자신과 모순되는 존재입니다. 인간은 여러 신을 섬겨 다른 신들을 화나게 합니다. 그때 나타나는 일자의 힘은 굉장히 낯선 느낌을 줍니다. 그 힘은 인간이 자연 상태로 있는 것을 허용하지 않습니다. 일자의 힘은 인간에게서 솟아나지 않는 의지를 인간에게 심어줍니다.

어떤 이미지도, 그와 비슷한 것도 안 됩니다. 초월자는 이미지로 포착되어 표현되면 이미 초월자가 아니게 됩니다. 우리는 초월자의 언어를 그저 암어문으로만 이해합니다. 초월자 자체는 모든 암어문의 너머에 있습니다. 이것이 철학함의 진리입니다.

신의 이름을 무례하게 사용해서는 안 됩니다. 진지한 사람은 결코 신의 이름을 가지고 장난치지 않습니다. 그런 사람은 이 세계에서 자신을 위해 무엇인가를 원할 때 신을 끌어대지 않습니다. 자신을 위해 다른 사람을 불리하게 만들어달라고 신에게 청하는 것은 신성을 모독하는 무례한 일입니다.

기억에 따른 것 같습니다. 십계명 중 안식일에 관한 네 번째 계명과 이웃의 재산을 탐하지 말라는 열 번째 계명이 빠져 있습니다.

부모를 공경하고, 살생하지 말고, 부부 사이를 깨뜨리지 말고, 거짓 증언을 하지 말라는 것은 서로 신뢰하며 살아가기 위해 꼭 필요한 간단하고 중대한 조건입니다.

시나이산의 사건에서 놀라운 점은 어떤 이미지도, 그와 비슷한 것도 안 된다는 요구가 있었다는 것입니다. 그러니까 신이 육체적으로 현신하는 것도 금지한 것입니다. 물론 시나이산에서는 화산이라는 자연현상을 통해 현신의 사건이 일어납니다. 모세가 먹구름으로 덮인 산 위로 올라가 십계명을 받아 전달한 것입니다. 그러나 신 자체는 현신하지 않습니다. 신은 어떤 형태도 띠지 않습니다. 백성은 신을 보지도, 듣지도 못합니다.

사람들은 십계명을 자명한 것인 양 쉽게 받아들였습니다. 그러나 십계명을 지키는 일은 너무 어려워서 그것을 예외 없이 잘 지킨 사람은 거의 찾아볼 수 없습니다. 만일 십계명이 잘 지켜졌다면 우리의 상황 전반이 지금처럼 공적인 기만과 사적인 속임수로 얼룩져 있지는 않을 것입니다. 이런 상황은 자명한 것이 되어버렸습니다. 십계명이 지켜지면 우리는 신뢰할 수 있는 공동체 안에서 진실한 상태에 놓이게 될 것입니다. "도덕은 그 자체로 이해되는 자명한 것입니다." 습관처럼 사용되는 이 말은 거짓입니다. 침묵하는 도덕이 오히려 자명합니다.

십계명의 내용이 지닌 간단명료함과 깊이는 당시로서는 기적과 같았습니다. 십계명은 계시된 것이면서도 동시에 인간다운 인간에게 설득력이 있습니다.

십계명은 인간 자신의 이성에 힘입어 인간의 양심을 통해서 인간에게 말합니다. 십계명은 열정, 자의, 충동, 변덕을 속박합니다. 실존의 자유는 십계명을 따를 때 실현됩니다.

양심에 대한 요청을 표현한 칸트의 정언명령은 다음과 같습니다. '너의 행위 원칙이 모든 사람에게 항상 정당하게 여겨질 수 있는 세계를 마치 너의 행동이 창조할 것처럼 그렇게 행동하라.'

양심은 주관의 독재가 멈추는 장소입니다.[2] 그 독재는 주관이 낯설고 이해되지 않는 것에 복종함으로써 멈추는 것이 아니라 자신의 깨달음에 자유롭게 순종할 때 멈춥니다.

이런 양심의 억누르는 힘은 결코 폭력적이지 않습니다. 양심의 힘은 제가 그 힘을 따를 때 저 자신에게서 나오고, 또 너무나 조용해서 현실에서는 사라진 것처럼 보입니다.

그렇지만 양심 안에서 저를 아우르는 것은 저를 넘어섭니다. 그것은 일찍이 시나이산의 사건을 통해 인간에게 깊이 아로새

---

2 한국어 양심良心은 좋은 혹은 착한 마음을 뜻합니다. 그런 마음은 개인적인 주관에 속한 것일 수 있습니다. 그런데 양심을 뜻하는 독일어 Gewissen은 "공통된"을 뜻하는 접두사 ge와 "앎"을 뜻하는 명사 Wissen으로 이루어져 있습니다. 즉 독일어로 양심Gewissen은 모든 인간에게 공통된 앎을 가리킵니다. 그런 양심을 따르는 사람은 더 이상 자신의 주관을 따르는 것이 아닐 것입니다. 양심을 따르는 순간 주관의 독재가 멈추고, 초주관超主觀 혹은 상호주관相互主觀의 지배가 시작된다고 말할 수 있을 것 같습니다.

겨신 현신의 암어문으로 말합니다. 성서의 이야기에 등장하는 그 사건에 대해서 들어본 사람이라면 어떻게 그것을 잊을 수 있겠습니까! 진지한 양심이 만물의 근거에, 즉 암어문으로서의 신 자체에 닻을 내린 것을 보게 되는 것입니다. 그러면 암어문은 양심 자체를 더 강하게 만들 것입니다. 우리에게 더 이상 현신이 일어나지 않을 때도 암어문은 남아 있습니다.

2. 그 밖의 사례들

시나이산의 사건은 암어문의 한 사례입니다. 종교학이나 신화학은 암어문들을 모으고, 여러 유형으로 나누고, 신들의 변천을 보여줍니다. [『구약성서』 「판관기」의] 데보라Deborah의 노래에 나오는 전쟁의 신으로서 야훼는 [『구약성서』 「욥기」의] 욥이 책망하는 신도 아니고, 예수가 기도를 올리는 신도 아닙니다.

보편적으로 비교할 수 있는 것들을 배경으로 삼아 우리는 역사적 인물들을 보지만 그들은 각자 유일한 존재이기 때문에 비교할 수가 없습니다. 성서의 역사적 인물들의 바로 옆에는 그리스 신들의 세계가 있고, 그다음으로 인도의 신화, 중국의 신화, 북유럽의 신화도 있습니다.

언어와 마찬가지로 암어문들도 전통에서 나옵니다. 우리는 암어문들을 고안하는 것이 아니라 우리 것으로 삼습니다.

몇 가지 사례를 더 들어보겠습니다.

a) 우주의 법과 인간의 법

기원전 4000년대의 수메르인 때부터 곳곳에 우주관이 있었습니다. 변함없는 원의 형태로 영원히 운동하는 별들의 질서는 인생의 질서에 반영됩니다. 하늘에서 내린 불가침의 법은 인생에, 계속해서 부서지지만 다시 이루어지는 인생에 유효합니다. 인류의 사건은 우주적 사건입니다.

암어문은 역사 속에서 계속해서 변화해왔습니다. 칸트마저도 항상 우리를 새로이 놀라게 하고 우리에게 한껏 경외심을 불러일으키는 두 가지, 즉 자신의 '머리 위에 있는 별이 빛나는 하늘과 마음 안에 있는 도덕법칙'에 대해 말합니다. "저[칸트]는 그것들을 저의 실존의 의식에 직접 결합합니다."

b) 혼돈과 질서

이성적인 유일신의 세계관은 오래가지 못합니다. 그 세계의 근본에는 혼돈이 있습니다. 그 혼돈에서 비로소 신들과 세계가 생겨났습니다. 혼돈에는 제한이 가해졌지만, 혼돈이 극복된 것은 아닙니다. 혼돈은 신들과 세계를 낳은 뒤, 그것들을 다시 집어삼킬 것입니다.

의로운 사람과 그렇지 않은 사람 위에서 똑같이 태양이 빛나게 하는 신의 무자비함과 불공평함이라는 암어문으로부터 악한 세계 창조자라는 암어문이 나옵니다. 고대의 영지주의靈智主義 철학에서 그것을 볼 수 있습니다.[3] '우리가 발을 딛고 서 있는 세계에는 사랑도 이성도 질서도 없습니다. 세계의 광채는 눈속임에 불과합니다. 우리의 영혼은 사랑스럽고 이성적입니다. 우리는 나쁜 운명에 의해 이 세계에 흩어진 불꽃입니다. 우리는 세계에서 벗어나 멀리 있는 신, 즉 사랑의 신을 향해 나아갑니다. 그 신은 세계 안에서 우리를 도와주지는 않습니다.'

c) 그리스 신들의 세계(모든 것을 신격화하는 사례)

그리스 신들의 영원한 세계에서 주인공들은 역사상 유일하고, 놀랄 만큼 선명한 존재입니다. 그 세계에서는 존재하는 모든 것, 인간에게 허용되고 정해진 모든 것, 인간이 될 수 있는 모든 것이 신이란 암어문을 통해서 우리를 사로잡으며 말을 겁니다.

제우스는 최고의 남성 신이며 신들의 왕입니다. 모든 신은 반항할 때조차 제우스의 뜻에 순응해야 합니다. 그러나 제우스 자신도 인간의 모습을 하지 않은 숙명의 신 모이라Moira에게 의존합니다. 모이라에게는 어떤 숭배나 기도도 효과가 없습니다. 다음은 아폴론입니다. 그는 모든 천박한 것과 불순한 것, 모든 병

---

3 영지주의Gnosticism는 서양에서 1세기부터 3세기 사이에 활발하게 펼쳐진 종교운동의 하나입니다. 영지주의에 따르면 불완전하고 악의적인 신 데미우르고스Demiourgos가 물질세계를 창조했습니다. 또 영지주의는 인간이 영적인 지식인 그노시스gnosis를 얻음으로써 구원을 얻을 수 있다고 보았습니다.

든 것과 거짓된 것과는 거리가 먼 신입니다. 아폴론은 자연의 힘이 아닙니다. 그는 열정에 흔들리지 않으며 순수하고 품격 있게 살아갑니다. 그는 사랑이나 죽음과는 무관합니다. 그는 신성한 젊은이로서 힘이 넘치며 아름답고 순결합니다. 그는 뚜렷하게 빛나는 신입니다. 그는 파괴하고 방어하고 보호합니다. 그는 한계와 형식을 요구합니다. 그의 계명은 '분수를 지켜라! 네가 인간이라는 것을 너 스스로 알라!'입니다. 그의 말을 철학자 소크라테스가 듣습니다. 아폴론은 모든 근본적 존재를 지배하는 유일신이 결코 아닙니다. 오히려 그는 어둡고 괴롭고 어지러운 삶으로부터 멀리 떨어져 있습니다. 그는 삶에 영향은 끼쳐도 삶에 속해 있지는 않습니다. 다음은 아프로디테입니다. 그녀는 사랑의 여신이고, 성적인 사랑을 고귀한 것으로 만들어줍니다. 그밖에 다른 신도 많이 있습니다. 아테나, 헤라, 아르테미스와 같은 올림포스의 신들과 저승의 신들, 그리고 자연에서 활동하는 물의 요정 나이아데스, 숲의 요정 님프, 나무의 요정 드리아데스가 있습니다. 신들의 이름과 형태는 열거하자면 끝이 없습니다! 모든 인간적 가능성과 운명, 모든 해로움, 인간적 현실의 모든 영역마다 각각 고유한 신적인 존재가 있었습니다. 이런 존재에 의해 모든 것은 긍정되었고, 또한 한정되었습니다. 그렇게 해서 모든 것은 다시 물음의 가치를 지니게 되었습니다.

그리스 신들은 역사의 짧은 과도기에만 영향력이 있었습니다. 그때 그리스인들은 인간으로서 다다를 수 있는 절정에 도달했습니다. 그들은 신들에 상응했습니다. 그리스인들은 신학자나 사제 대신에 예언자적인 시인과 철학자를 통해서 신들의 형태를 마치 계시하듯이 드러냈습니다. 그때 그들은 신들 앞에 자유롭게 서 있었습니다. 신들을 비추는 거울에서 그리스인들은 자기 자신을 보았습니다. 그 과도기가 지난 후 인문 교양이 중요하지 않은 곳에서 올림포스 신화는 그저 희미하게만 기억되며 심미적 즐거움을 주는 놀이가 되어버렸습니다.

우리가 그리스인이 될 수는 없습니다. 그러나 우리가 그리스 신들을 모르고 그들로부터 우리를 이해하지 않으면 우리는 [스스로에 대한 이해가] 빈곤한 상태로 남아 있을 것입니다.

3. 암어문은 자유의 경험에서 솟아납니다

아마도 오늘날의 암어문은 우리 자유의 근원과 운명에 관한 가장 절박한 암어문들 사이에 있을 것입니다.

a) 자신을 선물받는 것과 자신을 잃어버리는 것

스스로 자유로움을 알고 있는 사람은 자신을 자기 자신으로 느낍니다. 그런 사람은 최고의 순간에 결단을 내립니다. 그런 사람도 자신을 잃어버릴 수 있습니다. 그러면 그 사람은 자신이 본래 원하는 것이 무엇인지 몰라 자기 멋대로 행동하고, 어찌할 바를 모를 것입니다. 자신을 잃어버렸기 때문에 쓸쓸한 그 사람은 자신이 자유로울 때 자신을 선물받는다는 것을 깨닫게 됩니다.

인간이 자신을 선물받는다는 것을 알게 해주는 초월자는 추상적입니다. 자유로운 사람은 초월자를 본래적인 실체로 경험합니다. 그때 그 사람은 암어문을 통해서 초월자를 뚜렷하게 설명하고 싶어 합니다.

b) 자유, 운명, 신뢰

우리는 세계 안에서 나타난 자유의 결과를 경험했습니다. 자유의 이념에 의해 고무된 우리는 그 결과를 통해서 운명을 마주 봅니다.

자유의 길이 불가능해 보일 때 확실한 것은 그렇게 갈 수 없는 것처럼 보이는 그 길이 우리의 과제이자 우리 인간의 본질 그 자체라는 점입니다. 이토록 확실한 우리의 사명은 우리에게 그 과제를 붙잡을 용기를 줍니다. 그 과제를 성취할 수 있을지는 모르는 것이기 때문에 자유의 길은 반드시 거쳐야 하는 모험이 됩니다.

그때 우리에게 말을 거는 암어문은 이렇습니다. 우리가 만물의 근본에서 비롯된 도움, 아직 알려지지 않았기 때문에 결코 계산할 수 없는 도움에 의지하고 있다는 것입니다. 우리는 우리 자신을 신뢰할 때 그 도움을 신뢰하고 있는 것입니다. 우리가 할 수 있는 것을 진실로 사랑하면서 행하는 만큼, 즉 우리가 우

리의 자유에 걸맞게 되는 만큼 그 도움이 우리에게 힘이 되어
주기를 우리는 희망합니다. 우리가 그 도움을 확신할 수는 없습
니다. 그러나 희망을 품은 우리에게 암어문은 용기를 줍니다.

c) 상황: 낯선 곳에서 낯선 곳으로

우리에게 스스로의 존재는 애매하게 보입니다. 우리는 자유
로울 때 우리 자신을 선물받습니다. 또는 우리는 스스로를 잃어
버릴 수도 있습니다. 우리의 자유의 실현은 두 가지 의미를 갖
는 것처럼 보입니다. 자유는 추동력으로 나타납니다. 또는 운명
으로도 나타납니다. 그렇기 때문에 세계 안에서 우리의 상황도
두 가지입니다. 우리는 세계 안에서 집에서처럼 편안하게 있을
까요? 또는 낯선 사람으로 있을까요?

우리는 단지 역할을 연기하고 있는 것처럼 보입니다. 그러나
역사적으로 보면 우리는 스스로를 자신의 역할과 동일시해왔
습니다. 우리는 역할인 동시에 역할이 아닙니다.

우리가 그런 역할 안에서 우리 자신이 되면 이 세계는 우리
의 집과 같아질 것입니다. 비록 우리는 어떤 다른 곳에서 온 것
같지만 이제는 이곳에서 아늑함을 느낍니다.

그러나 반대로 우리가 세계 안에서 우리 자신이 될 수 없다
면 이 세계는 우리의 세계가 되지 않을 것입니다. 우리는 이 세
계에서 최악의 것을 예상해야 합니다. 그러면 우리는 우리의 근
원을 아직 우리 자신 안에서 확신하고 있는 동안 마치 먼 고향

을 떠나 이 낯선 세계에 떨어진 것처럼 느낄 것입니다.

그런데 이런 현실 세계와 우리는 영원에서 솟아난 우리에게 낯설고 의심스러운 것이 되어버렸습니다. 우리는 자신이 내버려진 것을 보게 되고, 실체도 믿음도 없이 자유롭게 아무것도 아닌 것을 향해 있는 것을 보게 됩니다.

어쩌면 우리 자신도 낯선 곳에서 솟아나 낯선 이 세계에 이른 아무것도 아닌 것이 아닐까요? 그런데 우리가 이렇게 암어문을 통해 말하는 상황에서 절망할 수 있다는 것은 그 자체로도 하나의 신호가 됩니다. 즉 절망할 수 있는 사람은 아무것도 아닌 것이 아닙니다. 그 사람은 자기 자신입니다. 그 사람은 스스로를 다시 발견할 수 있습니다.

우리가 듣는 암어문은 만물의 언어입니다. 물론 암어문은 다의적이고 유동적입니다. 하지만 암어문은 마지막이 절망일 필요가 없다는 점을 알려줍니다.

그러나 우리는 이 점을 보증할 수 없습니다.

4. 암어문의 개념: 암어문의 주관성과 객관성

우리는 암어문에 대해 말하고 있습니다. 암어문이란 무엇일까요? 우리는 어떻게 이 개념을 이해할 수 있을까요?

주관-객관-분열 가운데 우리는 관념, 생각한 내용, 이미지를 눈앞에 떠올립니다. 그것들은 그저 그 자체로 거기에 있는 것이 아닙니다. 그것들은 무엇인가를 가리키고 있습니다.

그것들이 가리키는 것은 기호가 가리키는 것과 다릅니다. 대상들의 세계에서 어떤 대상은 다른 대상의 기호가 될 수 있습니다. 제품의 상표, 도로 표지판, 줄임말 등등에서처럼 말이죠. 그러나 관념, 생각한 내용, 이미지가 무엇인가를 가리킬 때는 그것들이 가리키는 다른 대상이 없습니다. 이렇게 대상 없는 가리킴은 그것들이 가리키는 대상을 보여줌으로써 해소될 수 없습니다. 그것들을 우리는 암어문이라고 부릅니다. 암어문은 무엇인가를 가리키지만 대상으로 있는 무엇인가를 가리키지는 않습니다. 암어문이 가리키는 것은 오로지 암어문 안에만 있고, 암어문 없이는 존재하지 않습니다.

우리는 암어문의 세계에 살고 있습니다. 암어문의 세계에 본래적으로 있는 것은 우리에게 스스로를 보여줘야 하지만 그렇게 하지 않습니다. 오히려 그것의 의미는 무한히 변화하고 있습니다.

암어문은 초월자의 언어와 같습니다. 이 언어는 우리가 만든 것이지만 그럼에도 불구하고 저 너머로부터 우리에게 이릅니다. 암어문은 객관적입니다. 암어문을 통해 들리는 것이 인간을 향해 다가옵니다. 암어문은 주관적입니다. 인간은 자신의 표상방식, 사고방식, 이해력에 따라서 암어문을 만듭니다. 암어문은 주관-객관-분열 가운데 객관적인 동시에 주관적입니다.

5. 초월자가 육체적으로 현신한 것이 암어문이라는 언어로 변화합니다

이 세계에서 여러 종교의 신들이 육체적으로 현신했습니다. 그리스도교 신앙에서는 초월적인 신이 인간이 되었습니다. 그는 끔찍한 죽음과 영광스러운 부활을 통해서 스스로를 증명했습니다. 부활한 예수그리스도는 죽음으로부터 돌아온 유일한 사람입니다. 이 사건은 특정 공간과 시간 안에서 실제 육체를 가지고 일어난 일로 믿어집니다.

우리는 놀랍니다. 육체를 가지고 부활했다고요? 그랬을 리가 없습니다. 시체가 다시 살아날 수는 없습니다. 그러나 이것은 사실로 증명되지 않았나요? 무덤은 비어 있었습니다. 부활한 예수는 제자들과 믿음이 깊은 여인들 앞에 나타났습니다. 그러나 모든 증언Zeugnisse[Testaments]은 제자들의 믿음만을 뒷받침할 뿐, 그 믿음의 내용이 실재했음을 뒷받침하지는 않습니다.

여기가 결정적인 부분입니다. 이 세계 안에서 초월자의 육체적 현신은 정당화될 수 없습니다.

과학은 초월자의 현신을 부정합니다. 왜냐하면 육체적 현신은 실재하는 것이고, 따라서 앎의 대상이지 신앙의 대상이 아니기 때문입니다.

강력한 과학이 빼앗은 초월자의 현신은 우리의 암어문의 영역에 남아 있습니다.

사실이란 모든 사람에게 보편타당한 것입니다. 암어문은 한 사람의 역사적 실존 앞에 유동적으로 있으며, 오로지 그 실존에만 말을 겁니다.

사실은 탐구되고, 암어문은 상상과 사색에 의해 펼쳐집니다.

사실은 흔들리지 않고, 암어문은 자유의 길을 뚜렷하게 설명합니다.

실재하는 것은 그 의미가 명확합니다. 그것은 그렇게 있습니다. 암어문은 우리에게 단단한 토대를 주지 않습니다. 왜냐하면 암어문은 다양한 의미를 갖기 때문입니다. 하나의 의미로 파악된 "신"이란 암어문은 우리에게 아늑한 느낌을 줍니다. 그러나 이 암어문은 세계에서의 여러 경험에 따라 다양한 의미를 가지게 됩니다. 스스로를 기만할 때 우리는 세계에 대해 말하거나 해석할 수 없습니다. 신과 아우슈비츠는 조화될 수 없습니다.[4] 욥도 이것을 경험했습니다. 『구약성서』에서 최고의 진리는 이렇습니다. '인간이 신의 계시와 약속의 말을 통해 신을 받아들일 때 신은 인간에게 다른 신이 되어 인간에게서 물러서지만

---

4 아우슈비츠Auschwitz는 폴란드의 도시 오시비엥침Oświęcim의 독일식 이름입니다. 제2차 세계대전 당시 나치 독일은 아우슈비츠에 강제수용소를 지었고, 이곳에서 1945년까지 수백만 명의 수용자가 살해되었습니다. 전통적인 변신론變神論에 따르면 선한 신이 만든 세계에서 생기는 악은 더 큰 선을 이루기 위한 신의 뜻으로 이해되었습니다. 즉 악과 선한 신을 조화시킬 수 있었습니다. 하지만 아우슈비츠의 대재난은 이런 조화를 더 이상 불가능하게 했습니다.

그럼에도 불구하고 계속해서 신으로 남아 있다'는 것입니다. 그러나 이런 신은 더 이상 이전의 빛나던 신이 아닙니다. 신이란 이름은 우리가 완전하게 이해하지 못하는 것에 대한 이름입니다. 『구약성서』의 유대인은 그 이름의 의미를 얻기 위해 노력했고 그 의미를 찾을 수 없었지만 신이 있다는 것을 결코 의심하지 않았습니다.

그러므로 우리 인간에게 남은 일이라고는 신이란 암어문을 비롯한 모든 암어문을 다양한 의미를 가진 언어로 듣는 것밖에 없습니다. 암어문을 들을 수 없게 된 곳에서 우리의 주위는 어둡고 황량해집니다. 그러나 암어문을 듣는 곳에서 우리는 안정에 이르지 못합니다.

6. 성서적 종교의 변화

성서의 세계는 고대 그리스의 정신과 나란히 우리 역사의 전제 조건이 됩니다. 우리는 이 조건을 부정할 수 없습니다.

그러나 성서의 세계를 진실로 긍정하기 위해서는 성서와 전통을 다루는 방식이 근본적으로 변화해야 합니다. 대전환과도 같은 이런 변화는 다음을 의미합니다.

첫째, 우리는 신을 비롯한 모든 초월자의 육체적 현신을 포기해야 합니다. 초월자는 공간과 시간 안에서 나타나는 특정 현상과 동일시될 수 없습니다. 초월자는 개념으로 설명할 수 없는 내재적인 초월자, 즉 존재하는 모든 것을 신적인 것으로 만드는 초월자 속으로 사라져버렸습니다.

둘째, 현신 대신에 우리는 초월자의 암어문을 듣습니다. 이 암어문은 우리에게 말을 걸고 우리를 뒤흔들거나 붙잡아줄 수 있습니다. 우리는 어떤 암어문이 언제 어떻게 그렇게 할지 미리 알지 못합니다. 암어문이라는 언어는 [글이나 말로] 현신하지만 초월자는 그렇지 않습니다.

셋째, 암어문은 다양하고, 가지거나 버릴 수 있고, 더 가까워지거나 더 멀어질 수 있는 것입니다. 다양한 암어문과 맺은 관계는 암어문들 간의 투쟁을 요청합니다. 다양한 의미를 가진 암어문의 유동성이 믿음에 근거한 지식이라는 단단한 토대를 대신합니다.

7. 서로 간의 투쟁을 통해 암어문들이 펼쳐진다는 관념("철학적 신학")

실재하는 것, 상상된 관념, 생각한 내용, 이 모든 것이 암어문이 될 수 있습니다. 암어문은 서로 비교할 수 없을 정도로 상이합니다. 아름답고 생생한 자연이라는 암어문은 여전히 해롭지 않습니다. 여러 힘을 가진 다신교는 찢습니다. 유일신은 묶습니다. 모든 암어문의 너머에 있는 것은 자유롭게 합니다.

어떤 합리적인 체계도 암어문을 포착하여 표현할 수 없습니다. 어떤 변증법적 질서도 암어문들 간의 투쟁을 조망할 수 없습니다. 그러나 철학함은 스스로 암어문을 만들어내고, 암어문과 맺은 실존적 관계를 표현할 수 있습니다. 플라톤 때부터 그 일을 해왔습니다.

일찍이 신들이 육체적으로 현신한 것이 암어문이 되었습니다. 선명한 암어문 안에서 우리는 우리가 갈 수 있는 높은 곳에 이르는 길을 발견할 기회를 얻습니다. 무한히 많은 신화에 대한 지식은 이 길을 가르쳐주지 못합니다. 심리학적 해석은 해롭습니다. 오직 실존적 경험만이 암어문의 의미를 열어줍니다.

오늘날 사람들은 신학과 유사한 철학의 과제를 생각해볼 수 있습니다. 그 과제는 스스로 암어문과 맺는 관계를 철학적으로 펼쳐나가는 것입니다. 이 과제는 암어문들을 그 투쟁을 통해서 나타낼 것입니다. 이 과제는 과거에 있었던 것을 현재하는 것으로 변화시킬 것입니다.

신학은 교의적敎義的이며 신앙고백에 근거합니다. 반면 암어문의 형이상학은 유동적인 세계이며 아우름 안에 근거를 두고 있습니다. 신학은 교회의 교의학입니다. 암어문의 형이상학은 3000년에 걸쳐 존속해온 철학적 공간에 있었던 철학자 각각의 책임감에 의거합니다. 아무도 철학자에게 그 모든 책임을 지라고 하지 않았습니다. 신학은 신조信條를 믿는 자와 함께 제도화된 공동체 안에서 살아갑니다. 암어문의 형이상학은 인류와 함께 그리고 모든 개인과 함께 살아갑니다.

열한 번째 강의: 사랑

1. 바울을 기억하며

바울의 사랑의 찬가(「고린도전서」 13: 1)는 이렇게 시작합니다. "만일 제가 인간과 천사의 말로 말하더라도 사랑이 없으면 저의 말은 쇠붙이가 울리거나 방울이 흔들리는 소리와 같을 것입니다. 그리고 제가 모든 비밀과 지식을 알고 모든 믿음을 가졌더라도 사랑이 없으면 저는 아무것도 아닐 것입니다. 그리고 제가 저의 모든 재산을 가난한 사람들에게 주고 저의 몸을 불사르게 내어주더라도 사랑이 없으면 이 모든 것은 저에게 조금도 이롭지 않을 것입니다."

이 노랫말은 잊을 수가 없습니다. 우리도 함께 노래합니다. 사랑할 때 우리는 본래의 우리 자신이 됩니다. 우리 안에서 중요한 것은 모두 사랑에서 솟아납니다.

그런데 우리는 사랑이 무엇인지 알고 있을까요? 사랑이란 말의 의미는 다양합니다. 사람들은 신에 대한 사랑, 이성에 대한 사랑, 부모와 자식 간의 사랑, 같은 운명의 동반자에 대한 사랑, 인간과 인류에 대한 사랑, [고대] 그리스인에 대한 사랑, 조국에 대한 사랑, 칸트와 스피노자에 대한 사랑 등등을 말합니다. 우리는 사랑이 무엇인지 알고 싶고 사랑에 대해 말하고 싶습니다. [그러나] 말하지 못할 것입니다. 그럼에도 사랑의 의미의 둘레를 한번 돌아보겠습니다.[1]

바울은 계속해서 말합니다. "사랑은 오래 참고 친절합니다. 사랑은 시기하지 않습니다. 사랑은 자랑하지 않습니다. 사랑은 뽐내지 않습니다. 사랑은 무례하게 행동하지 않습니다. 사랑은 이기적이지 않습니다. 사랑은 화내지 않습니다. 사랑은 앙심을 품지 않습니다. 사랑은 부당한 것을 보고 기뻐하지 않습니다." 이런 사랑은 일상의 인간관계에서 당연하고도 좋은 것입니다. 그러나 고무적인 첫 문장 이후는 얼마나 실망스럽습니까! 여기

---

1 "의미의 둘레를 돌다"는 독일어 umkreisen에 대한 번역입니다. um은 "둘레"를 뜻하고, kreisen은 "돌다"를 뜻합니다. 그러니까 umkreisen 자체는 "의미"와 관련이 없습니다. 하지만 야스퍼스는 이 단어를 "어떤 개념의 의미를 정의하다"라는 뜻으로 사용하고 있는 것 같습니다. 흥미롭게도 이런 뜻은 "정의하다define"의 어원이 되는 라틴어 definire에서도 볼 수 있습니다. 이 단어에서 finire는 "경계를 정하다", finis는 "경계"를 뜻합니다. 따라서 어떤 개념에 대한 정의는 그 개념이 지닌 의미의 경계를 정하는 것이고, 그러기 위해서 의미의 둘레를 돌아보는 것입니다.

서 바울은 사랑이 하지 않는 것들에 관해서만 말하고, 또 안정적이고 친절하고 인내하는 내면에 관해서만 말합니다.

그다음에 계속되는 문장은 이렇습니다. 사랑은 "진리에 기뻐합니다. 사랑은 모든 것을 믿습니다. 사랑은 모든 것을 소망합니다." 이 문장에서는 넘쳐흐르는 감정이 말하고 있습니다. 이 감정은 객관적 대상이 아닌 초월자를 향해 있습니다. 세상 사람에 대한 사랑은 무한히 확대됩니다.

계속해서 바울은 말합니다. "그런데 믿음, 소망, 사랑, 이렇게 세 가지는 없어지지 않습니다. 그중에서도 제일은 사랑입니다." "그중에서도 제일"이란 표현은 바울이 의도한 것보다 더 많은 것을, 그리고 그가 의도한 것과는 다른 것을 우리에게 말해줄 수 있을 것입니다. 즉 교리로서 믿음은 의심스러운 것이 되어버리고, 이 세상에서 소망은 한계에 부딪쳐 좌절하고 만다는 것입니다. 오로지 사랑만이 우리의 실존을 지탱해줍니다. 사랑할 때 우리는 자신을 충족시켜주고 만족시켜주는 유일한 확신을 경험합니다. 사랑할 때에야 비로소 완전한 진리가 나타납니다. 사랑은 객관적인 믿음의 교리나 다른 세상에 대한 소망 때문에 자신이 흐려지는 것을 원하지 않습니다.

"사랑은 결코 멈추지 않습니다"라고 바울이 말했습니다. 이 말은 위대하고도 간단한 암어문입니다. 물론 그리스도교 신자가 아닌 사람들에게 이 말은 이상하게 들립니다. 사람 사이에서 가능하지 않은 것을 말하려 하기 때문입니다. 하지만 사람 사이에서 사랑 자체가 영원한 것일 수 있습니다. 영원한 것은 나중에 오는 것이 아니라 현재에 있는 것입니다. 미래의 것에 대한 기대는 영원한 것이 현재함을 가리키는 암어문입니다.

2. 성적인 사랑

제가 말한 것에 대해 사람들은 다음과 같이 응답할 수 있을 것입니다. '그렇다면 당신은 무엇에 대해 말하는 것입니까? 비현실적이거나 무력한 것에 대해서입니까? 사랑은 성적인 것입니다. 이런 사랑의 힘이야말로 현실적이고 강렬합니다. 이것이 사랑이라고 불리는 모든 것의 근원입니다.' 성적인 사랑에서 사랑에 대한 모든 관념도 나왔습니다. 그 관념들을 떠올려보는 일은 수천 년 전부터 행해진 정신의 유희였습니다. 그 관념들에게 성관계는 그것들이 나타내는 사랑을 알아보는 거울입니다. 플라톤에게 에로스[지식욕]는 철학하게 만드는 힘입니다. 『구약성서』의 [아름다운 연애를 찬양한] 「아가雅歌」에서는 감각적으로 황홀한 사랑의 노래가 신에 대한 사랑을 표현합니다. 신비주의문학에서는 성적 표현이 넘쳐납니다. 먼저 성적인 사랑의 현실을 한번 살펴봅시다.

3. 처음부터 있었던 대립

인간의 몸과 마음은 일종의 동물과 같습니다. 그러나 인간은 아무것도 묻지 않는 동물처럼 그저 생식을 위한 삶을 살 수는 없습니다.

자신의 품격에 대해 알고 있는 인간은 성행위를 마치 자신의 품격을 빼앗는 행위인 것처럼 느낍니다. 그래서 인간은 당황합니다.

인간에게는 부끄러움이 있고, 동물에게는 부끄러움이 없습니다. 인간은 "당황하지 않는 자연스런 모습"을 숨기고 있습니다.

인간은 삶에서 존립하기 위해 사회질서를 필요로 합니다. 그래서 성관계에 관한 질서도 필요로 합니다. (때때로 성스러운 의식으로 행해지는 무절제한 술잔치를 제외하면) 아무하고나 무질서하게 맺는 성적 결합은 아직 없었습니다.

남성이든 여성이든 자신이 인간임을 온전히 알고 있는 사람이 그저 성관계를 위한 수단으로만 자신의 파트너를 이용한다면 그 파트너의 인간성을 침해하게 될 것입니다.

4. 성행위, 연애, 부부라는 형식

성관계는 성행위, 연애, 부부[결혼]라는 세 가지 형식으로 나타납니다. 이렇게 엄격한 형식은 선명하게 말하기 위해서 꼭 필요한 것입니다. 이 형식은 현실에 비하면 옹색하지만 혼동은 막아줄 것입니다.

성행위는 모든 생물에게 공통된 것입니다. 성행위의 기능은 생물학적으로, 생리학적으로, 심리학적으로 탐구할 수 있습니다. 인간은 성행위를 위생학적인 입장에서 체계적으로 규제합니다.

연애는 상상하는 정신을 위한 무한한 보물 창고입니다. 성행위는 지극히 예술적인 것이 됩니다. 성행위 그 자체와 성행위로 이끄는 것은 아름다운 것이 됩니다. 인도의 『카마수트라』는 성적 만족을 위한 자세들을 가르쳐주고, 오비디우스의 『사랑의 기술』은 매우 자극적인 유희를 가르쳐줍니다.

부부는 가정이라는 세계를 만들기 위해 현실적인 성행위와 연애에 주어진 질서입니다. 이런 가정에서 태어난 아이들은 이 세계에 의해 키워지며 스스로를 깨닫게 됩니다. 부부는 지속을 원합니다. 부부는 사회의 한 요소입니다.

사랑하는 연인들은 가족공동체 안에서 일상을 함께 형성하고 싶어 하지, 그때그때의 상황과 새로운 체험에 따라 헤어지기를 원하지 않습니다. 그들은 인간 사회에서 부부로 인정받고 싶어 합니다.

그래서 부부 제도는 국가에 의해 보호받습니다. 부부는 이처럼 소중한 재산이고, 역사의 기적들 가운데 하나입니다. 부부 제도는 야생의 성욕에 질서를 주고, 배우자들 서로에 대한 의무와 자식에 대한 의무를 부과해줍니다.

5. 초월적 사랑

우리는 여러 가지 현실적인 모습에 대해, 즉 활기찬 현실로 서 성행위에 대해, 성을 둘러싼 정신적 유희의 현실로서 연애 에 대해, 정당하고 도덕적인 질서의 현실로서 부부에 대해 말했 습니다. 이제 우리는 비약을 합니다. 더 이상 현실에 대해 말하 지 않고 사랑 자체에 대해 말할 것입니다. 사랑의 근원은 이 세 상에 있지 않습니다. 사랑은 이해할 수 없는 신비가 인간을 덮 치는 경험입니다. 그러나 그때 비로소 인간은 자기 자신이 됩니 다. 사랑은 경험적 현실로 증명할 수 없으므로 현실주의자는 사 랑을 부정할 수 있습니다. 사랑은 과학적 연구의 대상이 아닙니 다. 사랑은 스스로를 어딘가 다른 곳으로부터 오는 것으로 알고 있습니다. 그래서 우리는 사랑이 [이 세상을] 초월하는 것이라고 말합니다. 그런 사랑이 있는지, 그리고 사랑이 여기 지금 두 사 람 사이에 실제로 있는지는 아무도 알 수 없습니다.

초월적 사랑은 시간적인 현상 속에서 아무도 보지 못하는 벼 락처럼 칩니다. 그러나 이 벼락을 맞은 사람들에게는 이미 있 었던 영원한 것[천생연분]이 드러나게 됩니다. 사랑은 역사 속에 서 나타나는 현상입니다. 하지만 그렇게 나타난 후에는 시간 속 에서 더 이상 중요한 역사를 가지지 않습니다. 왜냐하면 사랑은 새롭게 샘솟으며 무한히 반복되는 것이기 때문입니다. 사랑은 젊은 열정의 옷을 입고 있을 때나 묵묵한 노년에나 마찬가지로 강렬합니다. 사랑은 기억과 기대를 아우르면서 현재에 있는 것입니다.

사랑은 스스로를 영원한 것의 현재로 자각합니다. 이런 사랑의 영향력은 그 자체로 변함이 없지만 연령대마다 다르게 나타납니다.

청년 시절에는 당황스러움[수줍음]이 에로스[육체적 사랑]보다 앞섭니다. 오래전부터 서로가 서로에게 속한다는 것을 알아보는 두 사람이 만나 어떤 유일한 것을 진실로 소비하는 순간이 있습니다. 그 유일한 것은 그 순간이 오기 전에 허비되어서는 안 됩니다. 그 순간은 그들의 처음이자 마지막 사랑 안에서 한 번만 일어나는 역사가 됩니다. 그들은 그 순간을 확신하고 있지만 알지는 못합니다. 그들은 스스로 완전히 자유로울 때 서로에게 절대적으로 속박된 상태에 있습니다. 왜냐하면 그들은 마치 그들의 시간이 시작되기 전부터 있었던 근원에서 솟아난 것 같은 서로의 상대를 기억해서 알아보기 때문입니다.

이와 같은 사랑은 소유가 아닙니다. 사랑은 사랑하는 연인들을 낳지만 그들이 그들 마음대로 사랑할 수 있는 것은 아닙니다. 사람들이 사랑을 원하지 않을 수도 있습니다. 사랑을 의심하는 사람들은 사랑을 자기 자신에게 보여줄 수 없습니다. 사랑이 어디서나 유효함을 증명하는 표시 같은 것은 없습니다. 사랑은 표창장과 같은 상장을 받고 싶어 하지 않습니다. 사랑을 선물받은 사람들이 그만한 공적을 세운 것은 아닙니다.

겉으로만 본다면 초월적 사랑은 틀림없이 족쇄처럼 보일 것입니다. 사랑의 확실하고 절대적인 속박은 시간 안에서 사랑하는 연인들의 자유를 빼앗는 것처럼 보입니다. 항상 한결같은 그들의 삶에는 역사[변화]가 없습니다. 만일 이렇게 한결같은 연인들이 있다면 그들은 다른 사람들 눈에 그야말로 기이하고 권태로워 보일 것입니다. 그들의 근본 형태는 항상 같으며, 그들은 사춘기나 노년기에나 똑같은 말을 할 것입니다. 그들의 말은 한결같이 비현실적이고 한결같이 시시하고 한결같이 어리석을 것입니다. 이런 말은 심리학적 관점에서는 아무 의미가 없기에 믿을 만한 것이 못 됩니다.

6. 이 세상에 나타나는 초월적 사랑의 문제성

초월적 사랑은 세상에서 어떻게 나타날까요? 이런 사랑은 현실적인 것으로 제시될 수 없으므로 그 애매한 의미의 둘레를 돌아볼 수밖에 없습니다. 몇 가지 사례를 들어보겠습니다.

a) 육체적 사랑의 열정과 [육체를] 초월한 사랑은 모두 청년 시절에 타올라 어떤 희생도 무릅쓰면서 오직 한 사람에게만 전념합니다. 그러나 열정에는 도취라고 하는 영원에 대한 환상의

의식이 있고, 사랑에는 시간 안에서 지속하기를 원하는 의지가 있습니다. 열정은 체험에 매여 있고 나타났다가도 사라집니다. 사랑은 "언제까지나"와 "오래전부터"라는 깊은 의미를 지니고 있습니다. 사랑은 삶에서 한 번 찾아오면 다시는 오지 않습니다. 열정은 결정적인 곳에서 눈이 멉니다. 사랑은 전체를 뚜렷하게 봅니다.

이와 같은 구별에 근거해서 답할 수 없는 물음들을 제기해봅시다. 초월적 사랑에 대한 확신은 열정의 착각일 수 있을까요? 사람을 잘 믿고 사랑하는 연인은 자신의 부정한 파트너가 사랑의 근원을 파괴했다면 그 근원을 이제 허비한 것일까요? 육체적 사랑의 좌절을 경험했음에도 불구하고 그 좌절 후에 비로소 근원적으로 서로에게 속하는 연인들이 만나는 것이 가능하지 않을까요? 그들이 서로를 알아보고, 돌이켜보면서 스스로의 잘못을 깨닫고 받아들이고 고친다면 말이죠.

한 연인이 초월적 사랑을 시로 지으면 다른 연인도 시를 지은 연인과 함께 그 사랑을 실현된 것으로 볼 수 있을까요? 서로에게 부정한 두 사람에게 시가 공허한 것으로 드러나고, 그럼에도 불구하고 시적인 허구와 부정한 현실 사이의 분열 가운데 여전히 그 시에 집착할 때에도 그렇게 볼 수 있을까요?

무서운 물음들입니다. 이 물음들에 대해서는 일반적으로도 구체적인 운명 안에서도 결코 답할 수 없을 것입니다.

b) 만남의 우연성은 숙명입니다. 시간 안에서 영원한 것은 그 숙명에 복종합니다. 우연은 임의적이지만 유일한 것이고 바꿀 수가 없는 것입니다. 영원한 파트너와 만날 "우연"이 주어지지 않았기 때문에 독신으로 머물러 있으면서 어딘가가 미흡한 파트너로는 만족하지 않으려는 사람들이 있을까요? 그런 사람들은 그 만남이 실현되지 않았기 때문에 얽히고설킨 세계에서 서로가 서로에게 투명해지지 못하는 것일까요?

c) 현실 세계의 힘이 초월적 사랑의 실현을 막아설 때 사랑은 삶을 폭파할까요? 이때 연인들에게 세계는 빛바랜 것이 될까요?

7. 초월적 사랑은 세계의 질서에 포함될 수 있을까요?

이런 기만과 파괴의 사례들은 다음과 같은 물음으로 이어집니다. 초월적 사랑은 이 세상에서 소멸을 선고받은 것일까요? 가능성에 불과한 그런 사랑은 이 세상에서 낯선 것으로서 시들어버려야 할까요? 또는 그것이 실현될 수도 있을까요?

아름다운 육체를 보고 타오르는 초월적 사랑은 청년 시절에 이미 완성되지만, 시간 안에서는 갓 실현된 것에 불과합니다. 이런 사랑은 갈림길 앞에 서게 됩니다. 사랑은 결과적으로 삶을 폭파하거나 실현되지 못한 것 또는 제대로 살지 않은 것으로 만들 운명에 처한 것일까요? 또는 사랑은 세상에서 실현될 수 있을까요?

사랑이 실현되면 시간과 질서가 그 권리를 요구합니다. 사랑은 결단을 통해서 부부 사이로 영원히 들어갑니다. 이 결단은 도덕이나 혼인법이 요구하는 것을 넘어서는 것입니다.

이때 현실 세계 안에서는 사랑의 투쟁, 즉 여러 상황을 공동으로 극복하는 길이 시작됩니다.[2]

그 길은 연령대에 따라 다릅니다. 청년 시절의 활기찬 아름다움은 점점 사라집니다. 그러나 일생이라는 현상을 거치는 동안 실존적으로 아로새겨진 노년의 아름다움 안에는 한갓 기억 속의 청년 시절을 넘어서는 것이 들어 있습니다. 키르케고르의 말이 맞습니다. '여인은 나이가 들면서 더 아름다워집니다. 하지만 그 여인을 사랑하는 사람만 그 아름다움을 봅니다.'

---

2 "사랑의 투쟁"은 야스퍼스의 표현 der liebende Kampf에 대한 번역입니다. 사랑의 투쟁은 부부 사이의 소통 방식이고, 서로 사랑하는 사람이 각각 자기 자신이 되게 합니다. 이런 투쟁은 일방적인 승리를 원하지 않습니다. 왜냐하면 한 사람이 몰락하면 다른 사람도 몰락하기 때문입니다. 사랑의 투쟁은 이미 사랑하는 두 사람이 더 사랑하기 위해서 벌이는 싸움입니다. 그들의 사랑싸움은 결혼 생활에서 생기는 여러 어려움을 함께 이겨내는 과정입니다.

8. 인간의 근본에서 뒤섞인 사랑의 계기들은 분리할 수 없습니다

우리가 세 가지 형식으로 말하고자 한 것은 성욕, 연애의 유희, 열정, 부부의 질서, 두 사람의 결합에서 기원하는 영원한 것, 이 모든 것이 "사랑"이란 말 안에 포함되어 있다는 것입니다.

그런데 형식은 분리할 수 없는 것을 구별합니다. 사랑의 계기들은 그것들이 하나로 뭉치면 완성되고, 뿔뿔이 흩어지면 쓸모가 없어집니다.

그런데 초월적 기원, 결단, 약속, 법률적 계약, 육체적 사랑의 열정, 성적 만족, 이 모든 계기가 과연 실제로 통일될 수 있을까요?

지속하는 시간 안에는 그렇게 완성된 이미지가 없습니다. 그 이미지는 상상도 생각도 해볼 수 없습니다. 시간이 지속할 때에는 불순한 것이 침입해옵니다. 세 가지 형식의 계기들이 서로 투쟁하기 시작합니다. 각 계기의 자립성을 사라지게 하는 초월적 사랑은 버티지 못합니다.

자연 상태에 있는 인간의 내부에서 서로 충돌하는 힘들은 통일에 반대합니다. 그리스인은 성관계를 아름답고 고귀한 것으로 만드는 [미의] 여신 아프로디테를 숭배하고, 아프로디테와 달리 모든 성적인 것을 멀리하는 [순결의 여신] 아르테미스를 숭배하고, 결혼[가정생활]의 수호신 헤라를 숭배하고, 무한한 생산성과 파괴력을 상징하는 어머니 신 데메테르를 숭배합니다.

그러나 아테네 남성들의 실제 생활을 [그리스의 연설가] 데모스테네스는 이렇게 표현합니다. "우리는 유흥을 위한 기녀를, 그다음에는 우리의 육체적 욕구를 돌보기 위해 돈으로 산 창녀를, 마지막으로는 우리에게 합법적인 자식을 선물하고 우리의 모든 집안일을 감독할 책임이 있는 부인을 가지고 있습니다."

이는 여성을 여러 가지 목적에 따라 마음대로 다루려는 남성을 위한 해결책입니다. 이는 여성을 모욕하는 것이고, 남성의 인간성에 어울리지 않는 것이고, 여성과 남성 모두의 품격을 빼앗는 것입니다. 남성 중심적 질서와 분위기는 여성 중심적 질서와 분위기와 마찬가지로 인간의 본질을 훼손시키고 맙니다.

인간의 본질은 인간이 성적 존재보다 우선하기를 요구합니다. 남성과 여성은 먼저 인간으로 존재하고, 그다음에 비로소 성적 존재가 됩니다.

인간이 하는 성관계의 세 가지 형식 사이에서 태곳적부터 있었던 대립은 완전한 통일이 이루어져도 해소되지 않습니다. 부분적인 통일만 허락되어도 그것은 과분한 행운처럼 보입니다. 종종 그 통일의 이미지는 다르게 보이기도 합니다. 성행위는 제 기능을 못하고 자의식을 괴롭힙니다. 지속하지 않는 육체적 사랑의 열정은 인간의 핵심을 빼앗을 위험이 있습니다. 부부 사이가 깨질 때는 인간의 믿을 수 없는 모습이 보입니다. 초월적 기원이 부르는 소리가 들리지 않습니다. 그러면 모든 것이 더 낮은 수준으로 떨어지고 맙니다. 사랑의 삶은 혼란스러워집니다.

평범함과 황홀함, 편리한 생활양식과 조심스러운 방종, 도와주러 오는 것과 도망가는 것이 뒤섞이게 됩니다. 어찌할 바를 몰라서 자기 자신을 이해하지 못하거나 거짓된 자신을 확신하게 됩니다. 인간은 조화를 찾기보다는 오히려 서로 투쟁하는 힘들의 싸움터에 들어서게 됩니다. 이런 힘들을 고려한다면 조화의 이미지들도 천박하고 어지럽게 살아가면서 그것이 자유인 줄 착각하는 쾌락과 마찬가지로 충격적입니다.

인간의 본질은 인간이 맡은 과제의 크기에 따라서 다시금 자신의 드높은 가능성으로도, 자신의 병든 상태로도 나타날 수 있습니다. 삶 전체에서 처음으로 사랑이 드러나는 방법에는 결코 현실의 표준과 같은 것이 있을 수 없습니다. 왜냐하면 사랑하는 연인들은 각 쌍이 고유한 방식으로 자유와 숙명에 휩쓸려 천국과 지옥 사이를 오가기 때문입니다.

9. 가장 넓은 의미의 사랑

오늘 강의를 시작할 때 제기한 물음, 즉 사랑이 무엇인가라는 물음으로 돌아가보겠습니다. 성적인 사랑을 할 때도 그 사랑은 성적인 것을 넘어서는 것입니다. 사랑의 의미는 넓은 둘레를 가지고 있습니다. 한 가지 사례만 골라서 들어보겠습니다.

사람들은 신에 대한 사랑을 말합니다. 인간에 대한 사랑은 그 사랑이 초월적인 사랑이 되어 시간에 구멍을 내더라도 결국 사랑하는 연인의 육체를 보는 일입니다. 그러나 신에 대한 사랑은 이 세상에서 그 대상을 발견하지 못합니다.

스피노자가 신을 이성적으로 사랑한 것(아모르 인텔렉투알리스 데이amor intellectualis dei)의 의미는 이렇습니다. 순수이성은 지성보다 높은 차원에 놓인 최고의 인식 방법이자 인간이 자신의 자유를 달성하는 방법인데, 이런 순수이성은 신에 대한 사랑과 일치한다는 것입니다. 그러나 스피노자는 신이 그 사랑에 보답할 것을 기대하지 않습니다. 왜냐하면 신은 연인과 같은 존재가 아니고, 스피노자의 사랑은 이기적이지 않기 때문입니다. 신에 대한 [고대 이스라엘 최후의 예언자] 예레미야의 태도도 마찬가지입니다. 신이 있다는 것만으로 그에게는 충분합니다. 신에 대한 그의 사랑은 그의 확고한 버팀목입니다. 유대인들은 자신들이 더 이상 신의 섭리를 볼 수 없어서 이제껏 들어보지 못한 강한 비난을 신에게 퍼부으리라 생각했을 때조차 믿음을 품은 채 죽음을 맞을 수 있었습니다. 아마도 그들은 신의 약속, 보호, 인도에 의지했을 것입니다. 그러나 이런 것들이 일어나지 않았을 때도 그들은 신의 존재에 대한 확신만으로 당당했습니다. 생각될 수 있는 신, 율법을 주는 신, 자비를 베푸는 신, 사랑의 신은 사라질 수 있습니다. 왜냐하면 이 모든 것은 신성을 모독하기 때문입니다. 오직 인간만이 다른 인간에 대해 이인칭인 '당신'이 됩니다. 신을 '당신'으로 만드는 것은 기도할 때의 암어문일 수 있습니다. 스피노자와 예레미야는 신이 그들을 사랑해주기 때문에 사는 것이 아니라 신이 있다는 것 때문에 삽니다.

철학적 이성 안에서 스스로 뚜렷해지는 사랑은 만물의 근거에 대한 신뢰와 결부되어 있습니다. 이런 신뢰는 그 근거를 가질 수 없고, 그 대상을 가지지 않고, 지성적 관점에서는 존재하지 않는 것입니다.

사랑이라고 불리는 모든 것을 이제 그만 열거하도록 하겠습니다. 마지막 물음은 이렇습니다. 우리가 사랑의 다양한 현상 안에서 파악하는 공통된 사랑이 사랑의 근거일까요?

모든 사랑을 포함하고 있는 이 유일한 사랑은 성적인 것 안에서도 빛나지만 그것에서 나왔거나 그것에 속박된 것은 아닙니다. 그 사랑이 무엇인지 우리는 말할 수 없습니다.

10. 사랑과 양심

그래도 우리가 마치 그 사랑이 무엇인지 알고 있는 것처럼 말해본다면, 모든 것을 아우르는 그 유일한 사랑은 우리를 본래의 자기 자신이 되게 하는 것이라고 할 수 있을 것입니다.

만일 이런 사랑이 완성되고 순수하게 작용한다면 그것은 우리의 삶을 만족시켜주는 유일한 근거가 될 것입니다. 완전한 사랑은 어떤 도덕법칙이나 공동의 질서도 필요로 하지 않을 것입니다. 왜냐하면 사랑은 그때그때 유일한 구체적인 상황 속에서 스스로 그 법칙과 질서를 낳고, 따라서 당연히 그것들을 따를 것이기 때문입니다. 그러나 감각적·지적 존재인 인간은 완전한 사랑을 할 수 없고, 사랑할 때 계속 자신을 오해할 수도 있으며, 자신의 사랑이 상처받아 약해지게 할 수도 있습니다. 그렇기 때문에 인간은 사랑할 때 의식이나 양심에 의한 통제도 필요로 합니다. 뚜렷하게 보는 사랑에 근거해서 신뢰하며 살 수 있는 사람에게는 '당신이 원하는 것을 사랑하고 행하라(딜리게 에트 파크 퀴드 비스dilige et fac quod vis)'라는 아우구스티누스의 말이 맞을 것입니다. 그러나 우리는 인간이고 당연히 스스로를 속이거나 감출 수 있으며 무자비한 힘에 내맡겨져 있습니다. 그래서 우리는 통제 없이는 실존할 수 없습니다. 가령 십계명을 어긴 모든 사랑은 이미 사랑이라고 할 수 없고, 낯선 열정에 사로잡힌 채 사랑의 이름으로 속이는 것일 뿐입니다.

그러므로 우리는 어떤 태도, 행동, 판단이 정당하다는 근거를 제시할 때 사랑을 끌어대서는 안 됩니다. 우리는 사랑이 무엇인지 모르기 때문에 사랑을 합리적으로 다룰 수 없습니다.

물론 합리적인 근거를 제시하고 도덕법칙에 따르는 삶은 우리의 선명함을 위해 매우 본질적인 것입니다. 그럼에도 불구하고 그 본질적인 것은 사랑으로 채워지지 않고 지탱되지 않는다면 아무것도 아니게 될 것입니다.

사랑보다 더 높은 권위는 없습니다. 사랑은 양심의 도움을 받아 엄하게, 그러나 사랑스러운 양심과 함께 자신의 현상을 스스로 판단합니다.

열두 번째 강의: 죽음

1. 인간만이 죽음을 알고 있습니다

모든 생물은 탄생과 죽음 사이에 갇혀 있습니다. 그러나 이 사실을 아는 것은 인간뿐입니다.

우리 자신의 탄생은 우리가 의식이 없을 때 일어난 일입니다. 사람은 태어난 뒤 의식이 생기면 마치 자신이 오래전부터 있었던 것처럼, 돌이켜봐도 뚜렷하게 설명할 수 없는 잠에서 깨어난 것처럼 느낍니다. 사람은 자신이 태어난 이야기를 들어도 아무런 기억을 떠올릴 수 없습니다. 사람은 자신의 삶의 시작을 전혀 경험하지 못합니다.

죽음은 모든 사람에게 닥쳐옵니다. 우리는 죽음이 언제 올지 모르기 때문에 마치 죽음이 절대로 오지 않을 것처럼 살아갑니다. 죽음은 우리에게 가장 확실한 것임에도 불구하고 우리는 사는 동안 죽음의 존재를 진정으로 믿지 않습니다.

그저 생명을 유지할 뿐인 의식은 죽음을 모릅니다. 죽음을 알아야 비로소 죽음이 우리에게 현실이 됩니다. 그러면 죽음은 자신이 가장 사랑하는 사람들과 자기 자신이 더 이상 현존하지 않는 한계상황이 됩니다. 한계상황에 대한 대처법은 근본적 존재에 대한 자신의 실존 의식 안에서 발견됩니다.

2. 죽음은 왜 존재할까요?

태어난 것은 또한 죽게 마련이라고 우리는 말합니다. 생물학은 이 말에 만족하지 못합니다. 생물학은 그 이유를 알고 싶어합니다. 반드시 죽을 수밖에 없는 것은 어떤 생명의 과정 때문일까요? 사람들은 노화 속도를 늦추는 것에 대해 생각합니다. 심지어는 죽음에 이르는 것으로 알려진 생명의 과정을 통제하면, 태어난 것이 어쩌면 원하는 만큼 오래 살 수 있을지도 모른다는 생각도 합니다. 하지만 아무리 생명을 인공적으로 연장한들 결국 누구도 죽음을 피할 수 없다는 사실은 아무도 의심하지 않습니다. 죽음은 성性과 마찬가지로 삶에 속합니다. 죽음과 성은 우리 삶의 근원에 남아 있는 신비입니다.

3. 죽는 과정에 대한 불안과 죽음에 대한 불안

우리는 죽음 때문에 불안합니다. 그러나 더 이상 존재하지 않는 상태로서의 죽음과 죽음으로써 멎게 되는 죽는 과정[임종]은 전혀 다른 두 종류의 불안을 낳습니다.

죽는 과정에 대한 불안은 신체적 고통에 대한 불안입니다. 이렇게 고통 받는 상태 자체는 전혀 죽음이라고 할 수 없습니다. 그 상태는 온갖 종류의 고통을 수반할 수 있습니다. 그럼에도 그 상태에서 다시 살아날 수 있습니다. "저는 이미 여러 번 죽었습니다"라고 말하는 환자가 있을 수 있습니다. 우리가 죽을 때 경험하는 것도 결코 죽음 자체는 아닙니다. 그때 겪는 것이 무엇이든지 간에 살아 있는 사람만이 그것을 겪을 수 있습니다. 죽음 자체는 경험될 수 없습니다.

죽는 일은 자연스러운 과정이고 고통 없이 진행될 수 있습니다. 이 과정은 일순간에 일어날 수 있습니다. 그때 죽음은 갑자기 일어나며 의식되지도 않습니다. 죽음은 또한 쇠약해졌을 때나 잠들어 있을 때 자기도 모르게 일어날 수 있습니다. 치명적인 병의 고통은 의료 수단이 줄여줄 수 있습니다. 죽는 것은 심신에서 실제로 일어나는 과정입니다. 따라서 생물학과 약학이 진보하면 언젠가는 누구나 고통 없이 죽는 것이 가능할 것입니다.

그런데 죽음을 생명이 꺼진 뒤에 이어지는 상태로 파악하면 죽음에 대한 불안은 죽는 과정에 대한 불안과는 전혀 다른 것이 됩니다. 이런 죽음에 대한 불안으로부터 자유롭게 해줄 수 있는 것은 의사의 치료가 아니라 오직 철학함뿐입니다.

4. 죽은 상태에 대한 상상

죽은 상태에 대해 상상하는 것은 헛된 일입니다. 그 상태로부터는 일말의 경험도, 어떤 신호도 나오지 않습니다. 아무도 [죽은 상태에서 산 상태로] 되돌아오지 않았습니다. 그래서 죽음은 존재하지 않는다고, 즉 죽음은 아무것도 아닌 것이라고 상상합니다.

죽음에 대한 불안은 아무것도 아닌 것에 대한 불안입니다. 그럼에도 불구하고 죽음 뒤의 상태는 삶과 다른 종류의 존재로 상상이 되고, 이런 상상은 지울 수 없는 것처럼 보입니다. 종말 뒤에 아무것도 아닌 것은 실제로 아무것도 아닌 것이 아닙니다. 다가올 삶이 저를 기다리고 있습니다. 죽음에 대한 불안은 죽음 뒤에 오는 것에 대한 불안입니다.

두 가지 불안, 즉 아무것도 아닌 것에 대한 불안과 죽은 상태에 대한 불안은 그 근거가 없습니다. 아무것도 아닌 것은 다만 시공간에서 실재하는 것과 비교했을 때에만 아무것도 아닌 것입니다. 그리고 우리를 불안하게 만드는 또 다른 실재의 삶 같은 것은 없습니다. 그런데 그렇다고 해서 불멸에 대한 의식도 무의미한 것이 되어버릴까요?

5. 영원에의 열망

가장 사랑하는 사람의 죽음, 그 사람의 육체가 현재 없다는 것, "결코 다시" 경험하고 싶지 않은 그 지울 수 없는 고통은 고양된 순간과 마찬가지로 삶을 크게 변화시켜 영원한 현재를 의식하게 할 수 있습니다.

다른 사람의 추억 속에 계속 존재하리라는 위안, 가족 안에서 계속 살아가리라는 위안, 불후의 명작을 만들었다는 위안, 몇 대에 걸쳐 큰 명성을 얻을 것이라는 위안은 모두 헛된 것입니다. 저나 다른 사람들뿐만 아니라 전 인류가 종말을 맞습니다. 그리고 인류가 만들고 실현하는 모든 것도 종말을 맞습니다. 모든 것은 마치 전혀 존재하지 않았던 것처럼 망각의 늪 속으로 가라앉습니다.

부활을 믿지 않는 사람에게는 부활의 약속도 헛된 것입니다. 부활의 신앙은 이렇습니다. '죽음은 실제로 있습니다. 인간의 종말은 그 시체이고, 시체는 부패합니다. 아무것도 남지 않습니다. 인간은 불멸하려면 육체를 갖고 다시 태어나는 수밖에 없습니다. 재탄생은 일어날 것입니다. 죽은 사람들을 그들의 육체와 함께 다시 살리는 신의 행위를 통해서 그들은 부활할 것입니다. 최후의 날에 있을 심판을 위해 신은 죽은 사람들을 무덤에서 일어나게 합니다.' 이런 육체적 부활을 믿지 않는 사람이 있습니다. 근본적 존재에 대한 그 사람의 의식에 부활은 아무 의미도 갖지 못합니다.

그러나 영원에 대한 열망이 무의미한 것은 아닙니다. 우리 안에는 [영혼의] 파괴를 믿지 못하는 어떤 것이 있습니다. 그 어떤 것을 뚜렷하게 하는 것이 철학의 과제입니다.

철학적 생각은 다음과 같은 구별에서 시작됩니다. 즉 시간 안에 존속하려는 열망은 삶에 속하는 것이고, 영원을 원하는 의지는 그 열망과 전혀 다른 것입니다. 저는 제가 시간에 대해 생각하는 방식으로만 영원에 대해 생각해볼 수 있습니다. 이런 구별을 차근차근 나타내봅시다.

6. 원형적 시간과 선형적 시간

우리는 원형적圓形的 시간과 선형적線形的 시간을 구별합니다. 죽음은 왜 존재하느냐는 물음에 대해 (기원전 6세기에) 피타고라스학파의 의사 알크마이온은 다음과 같이 대답했습니다. "인간이 사멸하는 이유는 시작을 종말에 연결 짓는 힘이 없기 때문입니다." 즉 시작을 종말에 연결 지을 수 있는 사람은 불멸할 것이라는 말입니다. 이 말은 무엇을 뜻할까요? 회귀하는 시간의 원 안에서 일어난 것은 불멸합니다. 그러나 이것은 저절로 일어나지 않고 알크마이온이 말한 "힘" 덕분에 일어나는 것입니다. 니체도 그렇게 생각했습니다. 그의 영원회귀에 대한 믿음은 삶을 긍정하는 가장 강력한 행위입니다. 이 행위는 어떤 순간에도 종말을 시작에 연결시킵니다. 이 행위는 영원히 회귀하는 원 안에서 살아갑니다. 죽음의 종말과 새로운 탄생의 시작 사이의 시간은 헤아릴 수 없을 정도로 길 것입니다. 그럼에도 삶이 다시 한번 살고 무한히 자주 산다는 의미에서 불멸한다면 그 시간은 아무것도 아닌 것과 마찬가지일 것입니다.

예컨대 하루의 시간이나 계절과 같이 세계 안에서 개별적으로 회귀하는 과정들은 전체의 영원한 회귀와 비슷합니다. 시간은 절대적입니다. 모든 것은 시간 안에 있지만, 회귀를 통해 시간 안에서 영원한 것으로 있게 됩니다.

선형적 시간은 전혀 다릅니다. 선형적 시간은 모든 시간적인 것 그 자체에 완전한 종말을 가져다줍니다. 우리가 현실에서 경험하는 시간적인 것은 덧없습니다. 그래서 우리는 슬픔을 느낍니다. 우리는 그 슬픔을 행복한 삶에서도 경험합니다. 또 만물에서도 느낀다고 믿습니다. 슬픔은 파괴할 수 없는 것 안에서만 가라앉을 수 있습니다. 불변하는 그것은 그 자체로 시간적이지는 않지만 시간 안에서 나타납니다.

원형적 시간과 선형적 시간은 둘 다 순간에 무게를 두지만 그 의미는 서로 전혀 다릅니다. 원형적 시간 안에서 행해지는 것은 무한히 자주 반복됩니다. 그것은 시간 안에 남아 있습니다. 선형적 시간 안에서는 어떤 것이 영원한지가 시간적으로 결정됩니다. 그 영원한 것은 시간을 넘어서게 됩니다. 두 시간의 공통점은 모든 것이 변하지만 한 가지는 변하지 않는다는 사실입니다. 원형적 시간에서 불변하는 것은 시간 안에서 회귀한다는 점이고, 선형적 시간 안에서 불변하는 것은 무시간적인 실체입니다.

원형적 시간과 선형적 시간은 서로 조화를 이룰 수 없는 암어문입니다. 원형적 시간은 무한한 회귀 안에서 "다시 한번"의 관념을 가능하게 합니다. 그러나 그렇다고 해서 기억이나 앎이 한 생애에서 다른 생애로 침투하는 것은 아닙니다. 선형적 시간은 영원한 것이 역사에 단 한 번 나타날 때 그 시간 안에서 살아가는 우리가 진지한 결정을 할 수 있게 해줍니다. 물론 시간적 나타남[현상]과 영원성이 공통된 실체 개념으로 분류되지는 않을 것입니다.

다음으로 우리는 시간성 너머로 가야 할 것입니다.

원형적 시간 안에서 시간은 절대적입니다. 시간은 넘어설 수 없는 궁극의 것입니다. 선형적인 시간의 경우에만 시간을 넘어선다는 생각이 가능합니다. 이런 생각은 우리 자신과 모든 사물이 우리에게 나타남을 의미합니다. 이런 나타남은 항상 시간적입니다. 물론 이때 우리는 세계의 시간에서 벗어날 수 없습니다. 탐구할 수 있는 또 다른 실재 세계 같은 것은 없습니다. 시간의 시작 전이나 시간의 종말 후에 시간적인 것은 없습니다. 그러나 마치 다른 차원과 같은 것이 열립니다. 경험되고 생각될 수 있는 그것은 다음과 같습니다.

7. 시간성, 무시간성, 영원성

우리는 시간성, 무시간성, 영원성을 구별합니다.

실재하는 것의 생성은 시간적입니다. 생성은 시작이나 종말도 없고, 근원이나 목적도 없고, 토대도 없습니다. 시간성은 우리가 현존으로 활동하고 느끼는 현재에서 경험하는 것입니다.

그와 반대로 모든 시간으로부터 자유로운 근본적 존재는 무시간적입니다. 가령 논리학이나 수학에서 다루는 것의 의미가 그렇습니다. 피타고라스의 정리는 그가 그 정리를 발견하기 전에도 타당했고, 또 그것을 생각하는 사람이 더 이상 없을 때도 타당할 것입니다. 피타고라스의 정리의 의미는 시간적이지 않습니다. 그 정리를 발견하는 것과 그 의미에 대해 생각하는 것이 시간적입니다. 무시간성은 무시간적 의미를 생각할 때 경험하는 것입니다.

마지막으로 시간 안에서 현재하는 것과 무시간적인 근본적 존재가 통일된 것은 영원합니다. 영원성은 시간 안에서 시간에 수직으로 있으며, 시간적이면서 동시에 무시간적입니다. 영원성은 무시간적이고 실체가 없는 것이나 시간 안에 실재하는 것과 대립하는 영원한 실체입니다. 이런 영원성은 실존의 차원에서만 경험할 수 있습니다. 실증과 논리의 차원에서 이런 경험은 모순적입니다.

이렇게 시간 안에서 영원성을 경험한다는 모순을 이해할 수 있는 것으로 만들기 위해 우리가 근본적 존재에 대한 의식의 태도를 철학적으로 "전환한" 것을 기억해보겠습니다. 그런 전환에 대해서는 제가 세 번째 강의에서 말했습니다.

8. 근본적 존재에 대한 의식의 태도를 철학적으로 전환한 것에 대한 기억

우리는 주관-객관-분열로부터 나와서 이것을 넘어서고, 아우름 속으로 들어갔습니다. 아우름을 설명하면 태도의 전환도 이해될 것입니다.

저는 그 자체로 있는 어떤 객관에도 더 이상 매이지 않습니다. 오히려 저는 아우름 각각의 고유한 방식에 매여 있습니다. 일반 의식으로서는 가리키는 대상에, 현존으로서는 환경에, 실존으로서는 초월자에 매여 있습니다. 그러나 저는 주관도 객관도 아니고, 오히려 그때그때마다 아우름이 됩니다. 또 저 자신은 모든 아우름을 아우르면서 실존을 아우릅니다.

초월자와 관계하는 저의 실존의 현실성을 확신할 때 저는 상반되는 듯 보이는 두 가지 태도 사이에 제가 놓여 있음을 봅니다.

첫째, 저는 저를 현상하는 현존으로 인식하며 세계에 적응하고 있고, 그런 저 자신과 함께 세계도 뚜렷해집니다. 뚜렷해지면 뚜렷해질수록 진리에 이를 기회도 더욱더 많아집니다.

둘째, 이렇게 뚜렷해지면 저는 제가 마치 감옥과 같은 곳, 즉 대상이 되어버린 세계라는 감옥 안에 있다는 것을 의식하게 됩니다.

두 가지 태도가 서로 결합하면 저는 최대한 세계에 적응하기를 원하게 되고, 또 이런 적응을 넘어서게 됩니다. 감옥 안에서 이것을 알아차림으로써 저는 동시에 감옥 바깥에 있게 됩니다. 그 결과는 이렇습니다.

세계를 현상으로서 확신할 때 저는 동시에 영원한 것도 확신하게 됩니다. 영원한 것은 암어문으로 이루어진 언어로 현재에 있을 수 있습니다.

저는 만물의 절대성으로부터 자유로워집니다. 저는 현존하던 제가 내맡겨졌던 만물을 마주하면서 저 자신을 마치 만물에 앞서 존재한 것과 같은 것으로 깨닫습니다.

9. 영원의 실존적 경험

이런 태도 전환을 통해 죽음에 대한 내면의 태도도 변화합니다. 탄생이 시간적 현상의 시작인 것처럼 죽음은 그 종말입니다.

불멸이란 과거와 미래가 해소된 영원을 뜻합니다. 실존적으로 충만한 시간적인 순간은 모든 시간을 아우르는 영원의 일부가 됩니다. "순간의 영원"에 대한 생각은 그 자체로 모순입니다. 이 생각은 시간 안에서 육체를 갖는 것의 실재성과 본질적인 것의 무시간적 관념성을 하나로 통일하는 진리를 영원한 실체로 표현하고 싶어 합니다.

우리 현존의 생명을 유지하는 의식이 이미 우리 자신의 실존에 대한 의식인 것은 아닙니다. 죽음에 대한 생각이 삶을 뒤흔들기 시작할 때 비로소 실존이 깨어납니다. 아무것도 아닌 것에 직면한 실존은 절망 속에 자신을 상실하거나, 또는 영원을 확신하며 자신을 선물받습니다.

영원은 공허한 세계의 현실에 스며들어 있습니다. 현존이 좌절한다고 해서 영원이 사라진 것은 아닙니다.

단순하게 현존하는 우리는 사멸합니다. 우리가 시간 안에서 영원한 것으로 나타날 때 우리는 불멸합니다. 우리는 사랑하지 않으면 사멸하고, 사랑하면 불멸합니다. 우리는 결정을 내리지 못하면 사멸하고, 결단을 내리면 불멸합니다. 자연의 사건인 우리는 사멸합니다. 자유로움 속에서 자신을 선물받는 우리는 불멸합니다.

10. 사변적인 발언과 실존적인 발언의 의미

(시간, 회귀, 영원에 관해) 사색하는 것은 어떤 구체적인 대상에 대해 아는 것이 아닙니다. 그런 사색을 통해 얻어지는 것은 우리에 대한 언어, 즉 우리에게 말을 걸기도 하고 걸지 않기도 하는 암어문입니다.

실존을 뚜렷하게 설명하는 생각은 (아우름, 불멸의 경험에 관한 생각과 마찬가지로) 영원한 현재를 의식하게 하는 것은 아니지만 그런 의식이 존재함을 정당화해줍니다. 불멸의 경험은 유일무이한 모든 실존 각각이 하는 것이지, 어떤 구체적인 대상의 불멸에 대한 지식이나 불멸에 대한 약속이 아닙니다.

철학적 생각이 곧 참된 것은 아닙니다. 오히려 철학적으로 생각하면서 자기 자신을 깨달으며 역사적으로 실존할 때 비로소 참된 것이 생겨납니다.

11. 진실성

철학적 생각, 즉 사변적 생각과 실존을 뚜렷하게 설명하는 생각은 빠르게 그 의미가 퇴색될 수 있습니다. 우리는 이 생각들을 철학적으로 알고 있는 것처럼 보입니다. 그래서 우리는 사랑하는 사람과 우리 자신의 영원을 마치 손으로 직접 붙잡듯 붙잡고 싶어 합니다. 그러나 불멸이란 것은 알려지고 나면 이미 우리에게서 벗어나버립니다. 우리는 실존과 하나가 될 때만 불멸을 확신할 수 있습니다.

철학은 손쉬운 위로나 성급한 안정을 주려고 해서는 안 되고, 지식을 제공해서도 안 됩니다. 진실성과 철학은 분리할 수 없습니다. 죽음과 불멸에 대해 말할 때 우리는 아무것도 알지 못합니다. 그러나 죽음에 대한 태도에 있어서는 실존적으로 진실한 태도를 진실하지 않은 태도와 대비하여 묘사할 수 있습니다.

첫째, 죽음은 가려져 있고 사람들은 죽음을 잊고 싶어 합니다. 또는 그 반대입니다. 사람들은 계속해서 죽음을 생각하느라 삶을 놓칩니다. 이 두 가지 진실하지 않은 태도에서 벗어나게 해주는 태도는 이렇습니다. 자신의 행동과 경험을 '죽음 앞에서 그것이 떳떳한가'라는 판단 기준에 따라 보는 것입니다.

둘째, 죽음에 대한 생각은 사람들에게 전혀 본래적으로 살고 있지 못하다는 불안을 초래할 수 있습니다. 자신의 안팎에 있는 공허를 한번 들여다보고 나면 사람들은 분주한 활동으로 달아나 숙고를 멀리하게 됩니다. 그러나 불안정은 숨겨진 채 남아 있습니다. 활력은 불안정에서 벗어나게 해주는 것 같지만 겉보기에만 그렇습니다. 참된 벗어남은 죽음 자체에 대한 생각에서 나온 힘을 통해서만 가능합니다. 이 생각은 인간이 그저 생명으로서 가지는 의의 외에 다른 의의, 즉 인간이 하는 사랑의 영원한 무게를 긍정해줍니다. 죽음 앞에서의 안정은 죽음이 빼앗아갈 수 없는 것을 의식할 때 샘솟습니다.

셋째, 현존하는 사람은 분위기에 젖어 죽음을 향해 살아갑니다. 그러나 그 사람이 죽음이 아니라 삶에 대해 생각하며 살아가면서 죽음에 대한 앎을 받아들인다면 이런 족쇄를 풀 수 있습니다.

넷째, 죽음에 대한 앎은 구렁텅이에 빠집니다. 이 구렁텅이 안에서는 모든 것이 아무것도 아닌 것이 되기 때문에 무의미해짐니다. 아무것도 아닌 것에 대한 절망으로부터 우리를 꺼내주는 것은 죽음이 본래 존재하지 않는다는 것을 알려주는 실존적 경험입니다. 우리는 실존의 기운이 떨어질 때 소심해지고, 실존의 기운이 고양될 때에는 의기양양해집니다. 그 사이에서 흔들리면서 나아갈 때 우리는 자기 자신에게 돌아옵니다.

요약해보겠습니다.

우리는 자신이 죽을 것을 압니다. 죽고 난 뒤의 상태에 대해서는 아무것도 모릅니다.

우리는 우리가 매달렸던 앎 혹은 믿음이 규정한 지식을 손에서 떨어뜨리게 됩니다.

인간의 과제는 자신이 처한 상황에서 자신에게 뚜렷해지는 최고의 척도를 가지고 모험과 위험 속에 사는 것입니다. 자신의 불멸을 사실로 아는 사람은 스스로에게서 자신의 본질을 빼앗을 것입니다. 불멸을 알 수 없는 것으로 달게 받아들인 사람은 자기 자신에게 돌아오게 되고 자신의 길을 가게 됩니다.

레싱은 이렇게 말했습니다. "왜 사람들은 다가올 삶을[내세를] 다가올 날처럼 안정적으로 기다릴 수 없을까요? … 만일 다가올 삶에 대해 의심의 여지가 없게 가르쳐주는 종교가 있다면 그런 종교에는 귀를 기울이지 않는 편이 나을 것입니다."

12. 죽음에 관한 암어문

그러나 저 알지 못함은 공허하므로 역시 레싱을 만족시키지 못했습니다. 불멸은 유동적인 생각과 이미지로 말합니다. 그런 생각과 이미지는 더 이상 육체적으로 현신하는 것으로 간주되거나 지식이 되기를 바라지 않습니다.

우리는 접근할 수 없는 것을 신화의 암어문으로 파악해도 될까요? 우리는 개념적으로 생각하는 자신에게 자신의 확실한 실존에서 경험할지도 모르는 것을 말해도 될까요? 그러나 그 경험은 그것을 지식으로 파악하려 들면 사라져버릴 것입니다.

플라톤의 대화편 『파이돈』은 무수히 많은 사람에게 용기를 주었습니다. 그 대화편에서 플라톤은 소크라테스가 어떻게 죽음을 맞이했는지 이야기했습니다. 플라톤은 소크라테스로 하여금 그가 죽는 날에 그의 생각을 표현하게 했습니다. 그의 생각은 그가 실제로 죽음으로써 진실로 입증되었습니다.

소크라테스에게는 불멸에 대한 여러 증거가 그럴듯하게 보입니다. 하지만 [그의 친구인 시미아스와 케베스 그리고] 그 자신도 거기에 충분히 만족하지 못합니다. 그는 친구들에게 말합니다. '자네들은 어린아이처럼 두려워하고 있어. 정말로 바람이 불어서 육체에서 빠져나오는 영혼을 흩어지게 할까 하고.' 우리 인간은 모두 항상 이런 어린아이입니다. 우리는 어린아이가 죽음을 마치 무시무시한 유령처럼 여겨 두려워하는 것을 막아보려고 합니다. 어린아이는 매일 마법의 주문을 외움으로써 치유되어야 합니다. 그 마법의 주문은 바로 신화입니다.

소크라테스는 죽음 뒤에 영혼이 맞이하는 운명에 대해 신화를 가지고 이야기했습니다. 각각의 영혼은 어떻게 살았고 무엇을 했느냐에 따라서 지옥에 보내지거나 맑은 하늘에 보내진다는 것입니다. 이어서 소크라테스는 이렇게 말합니다. "지금 내가 묘사한 것이 절대적인 진리라는 주장은 이런 물음에 대해서 이성적으로 생각하는 사람에게는 탐탁지 않겠지. … 하지만 이는 충분히 정당한 믿음이라고 해도 좋을 거야. 그래서 사람들은 이와 같은 믿음에 과감히 귀의해볼 만해. 왜냐하면 과감한 모험은 멋진 일이기 때문이야. 또 정신은 안정을 위해 마법의 주문처럼 작용하는 관념을 요구하기 때문이야."

[신화에서] 우리는 세계 안에서 실재하는 것에 대한 언어와는 다른 언어를 듣습니다. 진지함을 전달하는 관념들의 유희[연극]가 있습니다. 그 진지함은 이런 유희에서만 표현될 수 있습니다.

그래서 소크라테스는 자신이 이 세상에서 진리를 공유하기 위해 행한 것과 같은 대화를 죽음 뒤에 저 세상에서 가장 현명한 사람들과 계속할 수 있다고 생각했습니다.

그래서 (키케로의 『스키피오의 꿈』에서) 스키피오는 저세상에서 정치가들, 즉 레스 푸블리카에서 자유를 창조한 사람들과 안목이 뛰어나며 희생정신을 가진 사람들을 만날 수 있다고 생각했습니다.

죽고 나면 우리는 이미 죽은 사랑하는 사람들에게 갑니다. 그들은 우리를 친구로 맞아들입니다. 아무것도 아닌 것의 공허가 아니라 진실하게 살아온 삶의 충만함이 우리를 받아들입니다. 우리가 들어서는 공간은 사랑으로 가득하고 진리로 뚜렷해진 곳입니다.

소크라테스는 자기 삶의 마지막 순간에도 영원에 대한 자신의 확신을 표현합니다. 그를 어떻게 매장해야 할지 묻는 [친구] 크리톤에게 소크라테스는 미소 지으며 다음과 같이 대답합니다. '크리톤은 여기서 지금 자네들과 말하고 있는 이 소크라테스가 진정한 나라는 내 말을 믿으려고 하지 않아. 크리톤은 오히려 그가 곧 시체로 보게 될 저 소크라테스가 나라고 믿어. 그래서 그는 나를 어떻게 매장해야 하는지 묻고 있는 거야.' 소크라테스는 계속해서 말합니다. 그의 친구들이 그의 육체가 불타거나 묻히는 것을 볼 때 마치 소크라테스가 끔찍한 일을 당하는 것처럼 생각해서 침착함을 잃어서는 안 되고, 또 그들이 바깥으로 나르거나 땅에 묻는 것이 소크라테스라고 말해서도 안 된다고 합니다. 그들이 가장 좋아하는 방식으로 그리고 풍습에 가장 잘 맞는 것처럼 보이는 방식으로 장례를 치러주는 것은 그저 소크라테스의 육체일 뿐이고, 소크라테스 자신은 오래전에 그 육체를 떠나버렸다는 것입니다.

제4부 결론

열세 번째 강의 : 세계 안에서의 철학

1. 철학이 세계와 맺는 관계

철학은 그것이 어떤 것이든지 간에 우리의 세계 안에 있고 세계와 관계를 맺을 수밖에 없습니다.

물론 철학은 세계라는 집을 뚫고 나아가 무한한 것을 향해 움직입니다. 하지만 철학은 다시 돌아오며 유한한 것 안에서 그것의 유일무이한 역사적 토대를 발견합니다.

물론 철학은 세계의 근본적 존재를 넘어선 가장 넓은 지평으로 달려들고 영원한 것 안에서 현재를 경험합니다. 하지만 가장 깊은 성찰도 여기 지금 실존하는 인간에게 되돌아와 관계를 맺을 때라야 의미를 얻습니다.

철학은 최고의 기준을 알아봅니다. 즉 가능성의 별이 빛나는 하늘을 바라봅니다. 그 불가능해 보이는 별빛 아래 철학은 현존으로 나타난 인간이 고귀해질 수 있는 길을 찾습니다.

철학은 개인[단독자單獨者]을 위한 것입니다. 진리를 원하면서 서로 신뢰하는 사람들의 자유로운 공동체를 이루는 것도 철학입니다. 철학하는 사람은 이 공동체에 들어와도 될 것입니다. 이 공동체는 항상 세계 안에 있지만 그것이 세속적인 제도가 되어버리면 진리의 자유를 잃어버리고 말 것입니다. 철학하는 사람은 자신이 공동체의 구성원인지 알 수 없습니다. 어떤 권위도 그 사람의 수용 여부를 결정하지 못합니다. 철학하는 사람은 생각하면서 살기를 원하고, 그럼으로써 공동체에 수용될 수 있을 것입니다.

2. 세계가 철학과 관계 맺는 방식

그런데 세계는 철학과 어떤 관계를 맺고 있을까요? 대학에는 철학 교수들이 있습니다. 그들은 오늘날 대학에서 골칫거리입니다. 사람들은 철학을 전통에 따라 정중하게 존경하지만 속으로는 경멸합니다. 철학이 말하는 것은 중요하지 않다는 견해가 퍼지고 있습니다. 철학은 실용성도 없다고 합니다. 그러므로 철학이란 말이 공개적으로 언급되긴 하지만 사실상 철학은 존재하지 않는 것과 마찬가지가 아닐까요? 철학의 존재에 대한 간접적인 증거는 철학에 대한 거부감입니다.

그 거부감은 다음과 같은 표현들에서 느낄 수 있습니다. 철학은 너무 복잡합니다. 저는 철학을 알아듣지 못하겠습니다. 저에게 철학은 너무 고상합니다. 그것은 전문가를 위한 것입니다. 저는 철학에 소질이 없습니다. 그래서 철학은 저와 상관이 없습니다. 그런데 이런 표현들로 사람들은 다음과 같은 것을 말하려는 것처럼 보입니다. 사람들은 삶의 근본적인 물음들에 대해 걱정할 필요가 없습니다. 사람들은 전체에 대해 생각하지 않고 실용적이거나 전문적인 개별 문제에 몰두하면 되고, 그 문제의 의미에 대해서는 묻지 않고 일만 잘하면 되고, 그 외에는 나름의 "견해"를 가지고 그것에 만족하면 됩니다.

이런 거부감이 더 극심해지면 이렇게 됩니다. 자기 자신에게 투명하지 않은 삶은 본능적으로 철학을 싫어합니다. 철학은 위험한 것입니다. 만일 제가 철학을 이해한다면 저 자신의 삶을 바꿔야 할 것입니다. 저는 다른 태도에 이르고, 이제까지 저에게 낯설게 느껴졌던 빛에 비춰 만물을 보고, 만물에 대해 새로운 판단을 내려야 할 것입니다. 철학적으로 생각하지 않는 편이 낫겠습니다!

다음으로는 철학을 낡았다고 비난하면서 새롭고 전혀 다른 것으로 대체하려는 사람들이 있습니다. 그들은 철학을 파산해버린 신학이 남긴 전혀 진실하지 않은 최종생산물이라며 경멸합니다. 그들은 무의미한 철학적 명제를 조롱합니다. 그들은 철학이 정치권력이나 다른 권력을 잘 따르는 하인이 되었다는 점을 고발합니다.

철학이 아예 존재하지 않으면 정치꾼은 더 쉽게 사악한 정치를 할 것입니다. 생각 없이 훈련된 지능만 가진 대중과 공무원은 더 쉽게 조종될 것입니다. 사람들이 진지해지도록 내버려두면 안 됩니다. 그래서 철학은 지루하게 여겨지는 편이 더 낫다는 것입니다. 철학 교수의 자리는 줄어들 것입니다. 중요하지 않은 것을 더 많이 배우면 배울수록 사람들은 오히려 철학의 빛나는 힘과 관계를 맺지 못하도록 방해받을 것입니다.

이렇게 철학은 여러 강적에 둘러싸여 있습니다. 그들 대부분이 제대로 된 실정을 전혀 알지 못합니다. 중산층 시민의 자기만족, 관습에 따른 삶, 만족스러운 경제적 번영, 오직 기술적 유용성에 근거해서만 평가받는 과학, 절대적 권력의지, 정치꾼들의 거짓 친밀감, 이데올로기에 대한 광신, 재능 있는 작가의 문학적 명예욕, 이 모든 것은 철학이 부재하는 곳에서 존립합니다. 그것들은 철학의 부재를 알아차리지 못하는데, 왜냐하면 철학의 부재를 이해하지 못하기 때문입니다. 그것들은 철학의 부재 자체가 철학이기는 하지만 왜곡된 철학이라는 점을 알지 못하고, 왜곡된 철학이 선명해짐으로써 해소될 것이라는 점도 알지 못합니다.

3. 철학은 진리를 원합니다

결정적인 것은 철학이 온전한 진리를 원하지만 세계는 그렇지 않다는 것입니다. 철학은 평화를 저해합니다.

진리란 무엇인가라는 것부터 물음이 됩니다. 철학은 아우름의 방식들에서 진리라는 표현이 다양한 의미에서 참된 것을 가리킨다는 사실을 확인합니다. 철학은 유일한 진리의 의미와 내용을 찾아 나서지만 발견하지는 못합니다. 왜냐하면 우리에게 진리는 고정된 상태로 존재하는 것이 아니라 끝나지 않는 무한한 운동이기 때문입니다.

세계 안에서 진리는 투쟁 중입니다. 철학은 이 투쟁을 극단에 이르기까지 몰고 가지만 전혀 폭력적이지는 않습니다. 존재하는 모든 것과 관계를 맺을 때, 생각하는 사람들과 소통하며 자기 자신에게 투명해지는 가운데 철학자에게는 진리가 드러납니다.

철학하는 사람은 개인들을 찾으려고 애쓰고, 그들이 말하는 것을 듣고, 그들이 행하는 것을 봅니다. 그렇게 자신이 보고 들은 것을 스스로와 관련시키는 철학자는 인류가 같은 운명의 공동체를 이루기를 원합니다.

그래서 철학은 고정된 교리가 되지 않습니다. 철학은 그 자신 속에서 지속적인 투쟁을 벌입니다.

4. 진실성은 인간의 모험입니다

진리를 알아본다는 데에 인간의 품격이 있습니다. 오로지 진리만이 우리를 자유롭게 합니다. 그리고 오직 자유로울 때 우리는 진리를 무조건 받아들일 수 있습니다.

진리는 세상 사람들에게 궁극적인 의미인 걸까요? 진실성이 궁극적인 요청인 걸까요? 우리는 그렇게 믿습니다. 왜냐하면 거리낌 없이 개방된 진실성, 이런저런 의견 안에서 사라지지 않는 진실성은 사랑과 같은 것이기 때문입니다.

진리가 우리에게 던져주는 실마리를 붙잡는 것이 우리의 힘입니다. 하지만 진리는 오직 온전한 진리로만 있습니다. 다양한 진리는 하나로 결합하여야 합니다. 우리는 결코 온전한 진리를 가진 적이 없습니다. 존립하느라 지칠 대로 지쳐서, 이미 알고 있는 것을 절대적인 것으로 간주해버리면 진리를 놓치고 맙니다. 또 진리 전체에 대한 체계도 진리를 놓칩니다. 왜냐하면 이런 체계는 인간에게 진리 전체를 줄 수 없고, 인간을 속여서 마비시키기 때문입니다.

철학자는 진리를 위해 살고 싶어 합니다. 철학자는 곳곳에서 묻습니다. 자신이 어디로 가는가, 무엇을 경험하는가, 어떤 사람과 만나는가? 특히 자기 자신이 생각하고 느끼고 행하는 것 앞에서 묻습니다. 모든 사물과 인간 그리고 자기 자신도 뚜렷해져야 합니다. 철학자는 어떤 것으로부터도 물러서지 않습니다. 철학자는 스스로를 모든 것 앞에 내놓습니다. 철학자는 착각 속에서 행복하기보다는 진리에 부딪쳐 좌절하기를 더 원합니다.

존재하는 것은 드러나야 합니다.

우리는 다음과 같은 것을 신뢰할 수는 있지만 확신할 수는 없습니다. '궁극적인 진리가 비록 우리를 쓰러뜨린다고 할지라도 그 진리가 실제 진리이기만 하면, 우리를 구해주는 것이 그 진리 안에서 드러날 것입니다.' 이때 철학의 놀라운 점은 이렇습니다. '우리가 모든 속임수를 피하고, 모든 은폐하는 베일을 찢어버리고, 진실하지 않은 것을 전부 간파할 때, 그리고 우리가 뚜렷하게 보는 눈을 가지고 굳건하게 앞으로 나아가고, 우리의 비판마저도 비판할 때 결국 그런 비판은 파괴적이지 않게 될 것입니다. 오히려 어떤 근거가 마치 저절로 드러나듯 모습을 드러낼 것입니다. 그 근거는 렘브란트의 그림이 복원 기술자의 눈에 빛나는 것처럼 우리를 향해 빛날 것입니다. 복원 기술자는 그림을 보이지 않게 만든 덧칠로부터 그림을 자유롭게 합니다.'

하지만 그림이 드러나지 않으면 어떻게 해야 할까요? 결국 인간이 [그리스신화에 나오는 괴물] 고르고네스의 얼굴을 알아보고 몸이 굳어버린다면 어떻게 해야 할까요? 이런 일이 일어날 수 있다는 것을 우리는 잊으면 안 됩니다. 철학은 여러 구렁텅이 앞에 서 있습니다. 철학은 그것들을 외면해서도 안 되고, 치울 수도 없습니다.

인간의 태초의 물음이 가장 선명하게 나타납니다. 삶을 긍정하는 일은 위대하고 멋진 모험입니다. 왜냐하면 삶은 진리, 사랑, 이성이 실현되는 자리이기 때문입니다. 그러나 자살로 삶을 부정하는 것도 인간의 현실입니다. 그런 인간의 신비로움 앞에서 우리는 숙연해집니다. 우리는 이 한계를 잊어서는 안 됩니다.

5. 철학적 귀족과 대중

철학은 모든 인간에게 존재하는 것일까요? 또는 우수한 사람들에게만, 즉 고립된 그들 사이에서만 존재하는 것일까요? 플라톤의 이론에 따르면 소수만이 철학을 할 수 있고 그것도 오랜 훈련 뒤에나 가능하다고 합니다. [신플라톤주의 철학자] 플로티노스의 말에 따르면 지상에는 두 종류의 삶이 있는데 하나는 현명한 사람을 위한 것이고, 다른 하나는 인간 대중을 위한 것이라고 합니다. 스피노자도 몇 안 되는 사람들에게만 철학을 기대합니다. 최초로 칸트가 자신이 닦은 작은 길이 큰길이 될 수 있으리라는 생각을 합니다. '철학은 모든 사람을 위한 것입니다. 만일 그렇지 않다면 무엇인가가 잘못된 것입니다. 철학자들은 모든 것을 가장 면밀하게 정초했다고 하는 문서들을 마치 예금처럼 관리하고 조달하는 사람들에 불과해질 것입니다.'

플라톤과 플로티노스 그리고 거의 모든 전통에 맞서며 우리는 칸트를 따르기로 합니다. 이는 철학하는 사람의 내면에 큰 영향을 미치는 결정이고, 그 자체로 철학적인 결정입니다. 이런 결정은 현실에 맞서는 것입니다. 이 결정은 말합니다. '이제까지 그래왔고 오늘도 그렇습니다. 하지만 그렇게 남아 있어도 괜찮은 것이 아니고, 그렇게 남아 있어서는 안 되는 것입니다.' 인간이 인간다워야 한다는 요청은 종종 숨겨지거나 흐려지고 등한시됩니다. 이런 요청은 자신이 사람들에게 들려지기를 원합니다. 결정은 모든 개인에게 달려 있습니다.

혹시 우리는 우리 시대에 독창적인 철학이 없다는 궁핍을 하나의 미덕으로 삼으려는 것일까요? 아닙니다. 자신의 평범함을 경험하지만 그럼에도 불구하고 과거의 위대한 사람들을 이해하고 그들을 자기 자신으로 만들고 경외심은 가득 품되 신격화하지는 않으면서 그들에게 다가가는 인간으로서 자신을 경험하는 것, 이런 경험은 우리에게 다음과 같은 용기, 즉 우리가 할 수 있는 일은 원하기만 하면 거의 모든 사람이 할 수 있다는 용기를 줍니다.

역사에는 하나의 위대한 예외가 있습니다. 그리스도교의 교부들은 구원을 설파하고 사랑을 실천해야 한다는 과제를 의식하면서 모든 사람에게 말을 걸었습니다. 그리스 철학자들이 선택받은 사람들에게만 말을 걸었다는 사실이 교부들에게는 그리스 철학자들의 진리에 반대하는 논거가 되었습니다. 교회는 믿고자 하는 사람은 아무도 배제되지 않는다고 생각했습니다. 가장 소박한 믿음에도 선택받은 사람들이 숭고하게 생각할 때 가장 뚜렷하고 충만하게 펼쳐지는 것이 들어 있습니다.

그러나 대중을 위한 이런 배려가 의미하는 것은 두 가지입니다. 교회가 대중을 지배하기를 원한다는 것, 그리고 동시에 교회는 지배를 위해 거짓과 미신을 허용하고 정치를 하게 된다는 것입니다. 이 위대한 역사적 사례는 우리에게 모범이 될 수 없습니다.

자립적인 철학함의 또 다른 강적, 또한 인간의 자유에 대한 강적은 민주적이라고 자처하는 생각입니다. 대중에게 적합하지 않으면 결국 사라져야 한다는 말은 물론 타당합니다. 아무 반향도 얻지 못하는 것은 처음부터 현실성이 없는 것입니다. 하지만 다음과 같이 믿는 것은 부당합니다. '우리는 이 현실성이 어떤 것인지 알고 있습니다. 지금 존재하는 것은 항상 존재할 것입니다. 지금 작용하지 않는 것은 결코 작용하지 않을 것입니다. 인간은 변화하지 않습니다.' 이와 달리 타당한 믿음은 이렇습니다. '아직 고립된 것도 널리 퍼질 수 있습니다. 아직 반향을 얻지 못한 것도 반향을 얻을 수 있습니다.' 특히 다음과 같은 믿음이 타당합니다. '가장 작은 영역에서 현실적인 것이 한 시대의 최고의 현실일 수 있고, 그런 현실이 뒤따르는 시대에 입증될 수 있습니다. 대중에게 아직 퍼지지 않은 것이 미래에는 대중을 사로잡을 수 있습니다.'

공개성의 소란스러운 공간 안에서 대중에게로 향하는 길은 진리의 자유를 위해 꼭 필요합니다. 이 길과 상반되는 길은 대중 지배, 검열, 획일적인 교육입니다. 이때 인간은 폭군의 도구가 됩니다.

다만 여전히 불확실한 것 한 가지는 인간이 자유의 가능성을 믿으면서 초월자와 관계를 맺고 있는지의 여부입니다. 초월자 없이는 이 믿음이 진지하게 오래갈 수 없습니다.

6. 철학하는 사람의 독립성

세계 안에서 철학이 스스로의 무력함을 깨닫는다는 것은 여전히 맞는 말입니다. 철학은 반향도 거의 얻지 못하고, 세계를 형성하는 힘도 아니며, 역사의 원동력도 아닙니다! 이제까지는 그렇게 보였습니다.

하지만 철학이 개인에게 있어 어떤 것일 수 있는가 하는 점을 보면 철학은 결코 힘이 없지 않을 것입니다. 이 점에서는 오히려 철학이야말로 사람이 자유롭게 자신의 길을 찾게 해주는 위대하고 유일한 힘입니다. 오로지 철학만이 사람의 내면을 독립할 수 있게 해줍니다.

이런 독립이 가능한 장소는 개인이 유일하고 완전한 것에 의존하는 가운데 자유롭고 사랑하고 이성적일 때 자기 자신을 선물받는 곳입니다. 개인은 자유, 사랑, 이성을 스스로 만들 수 없고, 오히려 그것들을 통해서만 다른 것을 만들 수 있습니다.

개인은 자기 자신을 선물받는 곳에 이르면 만물뿐만 아니라 자기 자신에 대해서도 거리를 두게 될 것입니다. 마치 개인은 실제로는 도저히 설 수 없는 바깥에 서 있는 것처럼 일어나는 일과 자기 자신의 행위를 지켜보게 됩니다. 이때 개인은 마치 그 바깥으로부터 역사적 현실 속으로 처음 몰두하는 것처럼 보입니다. 바깥으로부터 오는 빛은 개인의 내면의 자유를 자라게 합니다. 그 빛에 비춰 만물을 보는 만큼 개인은 독립적인 사람이 됩니다.

이런 독립성은 고요하고, 폭력성이나 반항심과는 무관합니다. 독립적인 사람은 자기 자신을 확신하면 확신할수록 점점 덜 요구하게 될 것입니다. 독립성은 숨겨진 채 꿋꿋하게 유지됩니다.

독립성 안에 있는 자유는 공허하지 않습니다. 남과 어울리지 않는 것은 독립이 아닙니다. 독립성은 오히려 세계에 관여하고 싶어 합니다. 독립성은 가담합니다. 기회와 행운이 부르면 독립성은 그것을 따릅니다. 독립성은 일상의 요구를 단념하지 않습니다. 운명이 이끄는 것처럼 보이면 독립성은 자신에게 위험한 상황 속으로 과감히 뛰어들고 그 상황을 극복할 수 있다는 희망을 품습니다.

하지만 독립성은 항상 스스로 드러낼 수 없는 기준에 의해 제약을 받습니다. 그 기준을 드러낼 수 없는 이유는 그것이 독립성 자체가 유래한 곳에서 왔기 때문입니다. 그 기준을 드러낸다면 더 이상 독립적이지 않을 것입니다.

7. 무력함 일반에 대한 의식

인간적인 철학자가 독립했다고 오만하게 군다면 그 독립성은 거짓일 것입니다. 왜냐하면 진실한 인간 안에서는 철학자로서의 자립성에 대한 의식이 무력한 자신에 대한 의식과 항상 함께하고, 유능함에 대한 열광은 무능함에 대한 체념과 함께하고, 희망은 종말에 대한 시선과 함께하기 때문입니다. 철학하면서 우리는 자신의 의존성을 완전히 깨닫게 됩니다. 우리는 무력할 때에도 독립성을 잃지 않기 때문에 굴하지 않고 회복을 향해 태도를 전환합니다. 우리의 생각에서 이런 태도 전환이 어떻게 일어나는지를 보여주기 위해서 두 가지 사례를 들어보겠습니다.

a) 양적인 것은 질적인 것보다 우위에 있습니다. 우주적 관점에서 보면 지구는 그곳에 사는 인간 모두를 포함하더라도 먼지보다 더 작습니다. 우주는 지구에 우선합니다. 이렇게 우선하는 것을 순서대로 열거하면 이렇습니다. 물질, 생명, 영혼, 정신의 순서입니다. 각 단계는 뒤따르는 단계보다 우위에 있습니다. 따라서 대중이 우선합니다. 대중에 비하면 개인은 고려의 대상도 되지 않습니다. 우주, 물질, 대중, 즉 양적으로 우위에 있는 것이 중요합니다.

그러나 우리는 이런 가치 평가를 뒤집습니다. 우주 안에서 가장 소중한 것은 인류이고, 실재하는 것의 서열에서는 정신이고, 대중 안에서는 자기 자신으로서의 개인이고, 자연의 피조물 안에서는 인간이 창조한 예술 작품과 문학작품입니다. 우리가 이와 달리 판단한다면 우리는 양적인 것의 암시에 걸려들어 인류의 의미를 포기한 것입니다.

b) 역사 전체의 모습은 아무도 알 수 없고, 그것을 생각할 필요도 결코 없습니다. 역사는 우위에 있습니다. 개인은 자신이 무방비 상태라고 느낍니다. 개인이 무엇인지는 전적으로 그 역사의 전모에 의해 규정됩니다. 개인은 순응해야 합니다.

그러나 인류와 관계된 일은 몇십억에 달하는 개인 각각의 미미한 힘에 의해서도 일어납니다. 각각의 개인은 자신의 행위와 생활 방식을 통해서 함께 책임을 집니다. 역사가 무의미하게 느껴지더라도 그 안에는 이성도 있습니다. 우리가 있기 때문입니다.

다음으로 우리에게 직접 영향을 미치는 현실은 우리의 작은 주변 세계입니다. 이 세계에 응하는 것이 우리의 첫 번째 과제입니다. 우리는 만물의 흐름을 우리 손에 넣을 수 없다는 이유로 미래에 절망하거나, 또는 마치 우리가 전체를 당장 움직일 수 있을 것처럼 공허한 시위에 전념합니다. 이때 우리는 가장 가까이에 있는 것을 놓치고 있는 것입니다. 우리의 존립은 이 가장 작은 주변 세계의 현실 안에 있습니다. 이런 세계를 통해서 우리는 전체에 영향을 미칩니다.

8. 특히 현시대적 상황 속에서 무력함에 대한 의식. 종말 앞에 서 있는 것일까요?

우리의 시대는 우리의 무력함을 새로운 방식으로 의식하게 합니다. 우리가 모두 알고 있는 것은 다음과 같습니다.

'민주주의는 사실상 부패했지만 자유를 실현할 수 있는 유일한 길로 남아 있습니다. 민주주의는 그것을 스스로 시작한 역사를 가지지 못한 국민들에게는 훨씬 더 의문스러운 것입니다.'

경제 발전의 기적에 만족함으로써 자유세계는 마비되고 있습니다. 그 밖의 세계는 이런 기적을 열망하지만 그 기적을 이루기 위한 조건을 받아들일 준비는 하지 않습니다. 오히려 자신의 불행에 대한 책임을 자유세계에 전가합니다.

서방세계에서는 경제가 정치에 우선합니다. 그로써 서방세계는 스스로의 무덤을 파고 있습니다. 서방세계의 정치적 자유는 점점 줄어들고 있습니다. 정치적 자유는 종종 더 이상 이해할 수 없는 것이 되기도 합니다. 자유에 대한 의식과 희생정신은 사라지고 있습니다.

우리는 전 세계에서 군사독재와 전체주의적 지배 체제로 나아가는 여러 경향을 봅니다. 왜냐하면 자유가 실패하고 있기 때문입니다. 국민은 폭군의 피해자가 되고 있습니다.

인구 증가가 이대로 계속되면 다수의 인간을 말살시킬 폭발이 일어나야 할 것입니다.

(인류의 3분의 2를 넘는) 유색인종의 의식은 점점 더 예민하고 거칠게 백인에게 대항하고 있습니다.

원자폭탄이 모든 것 위에 있습니다. 잠깐은 원자폭탄이 큰 전쟁을 막을 것입니다. 그럼에도 인간이 오늘날처럼 계속해서 살아가면 큰 전쟁이 일어나 전면적인 파괴 과정을 시작할 것입니다. 사람들은 그 시작이 언제인지 모릅니다.

이제까지는 한 국가, 국민, 문화가 멸망했을 때마다 다른 국가, 국민, 문화가 출현했습니다. 인류는 지속하는 것이었습니다. 오늘날의 물음은 이렇습니다. 인류 전체는 자멸하고 말까요?

우리는 우리에게 허용된 틈새의 순간에 운 좋은 삶을 누려도 됩니다. 그러나 이 행운은 마치 사형이 잠시 미뤄진 것과 같습니다. 미뤄진 이유는 치명적인 위험을 극복하기 위한 것일 수도 있고 재앙을 준비하기 위한 것일 수도 있습니다.

유럽이 누리는 삶이 마치 지금과 같이 계속될 수 있을 것처럼 안정적이라고 보는 것은 경솔합니다. 이렇게 스스로를 기만한 적은 1914년 이전에도 있었고, 그 뒤에도 또다시 있었습니다. 그때마다 윤리적·정치적으로 무책임한 상태가 어떤 결과를 초래하는지 드러났습니다.

오늘날 우리의 순간은 칼날 위에 서 있습니다. 우리는 인간과 인간의 세계가 사라지고 결과적으로 인간이 더 이상 살지 않게 되는 구렁텅이에 빠질 것인지, 또는 스스로 본래적인 인간으로 변화하여 자신의 무한한 기회를 향해 비약할 것인지 어느 쪽이든 선택을 해야 합니다.

9. 종말 앞에서 철학은 어떤 것이어야 할까요?

그 순간에 철학은 어떤 것이어야 할까요?

철학은 적어도 우리 스스로 속게 내버려두지 말라고 가르쳐
줍니다. 어떤 사실이나 가능성도 철학을 옆으로 밀어내지 못합
니다. 철학은 곧 일어날 불운을 정면으로 바라보라고 가르칩니
다. 철학은 세계의 안정을 저해합니다. 하지만 철학은 불운을
피할 수 없는 것으로 간주해버리는 경솔함을 거부하기도 합니
다. 왜냐하면 앞으로 생길 일은 아직 우리의 손에 달려 있기 때
문입니다.

구원의 원동력이 될 수 있으려면 철학은 사람들을 설득할 수
있는 매우 믿음직한 것이 되어야 할 것입니다. 철학을 말하는
사람들을 통해서 말이죠. 오로지 철학만이 생각하는 방식을 바
꿀 수 있습니다.

그러면 철학은 언젠가 전체적인 좌절이 찾아와 인간이 몰락
할 때에도 그 품격을 여전히 보존할 것입니다. 같은 운명의 동
반자들이 진리를 근거로 이룬 공동체 안에서 인간은 다가올 수
있는 것을 바라봅니다.

왜냐하면 몰락할 때에는 아무것도 없는 것이 아니기 때문입
니다. 궁극적인 것은 인간입니다. 인간은 좌절 속에서도 사랑을
잃지 않고, 만물의 근거에 대한 신비로운 신뢰를 보존합니다.

암어문을 통해 말해봅시다. 우주, 지구, 생명, 인간, 역사는

모두 하나의 근원으로부터 샘솟았고, 이 근원에는 우리가 접근할 수 없는 가능성이 있습니다. 좌절의 경험 속에서도 눈을 감지 않으면 우리는 그 가능성의 존재를 확신할 수 있습니다.

이제까지 강의한 것은 하나의 시도였습니다. 무한히 많은 다른 시도가 이어질 것입니다. 우리의 시도 안에서 사랑과 진리는 잠시 현재합니다. 사랑과 진리는 우리의 시도가 단순한 시도를 넘어선다는 것에 대한 증거입니다. 한 모금의 영원이 말해졌습니다.

실현할 수 있는 생각, 지식, 생생하게 파악할 수 있는 것, 금방 표현한 암어문들 중 어떤 것도 영원에 이르지는 못합니다.

모든 암어문 너머에서 생각은 신비로운 근거로 충만한 침묵에 이릅니다.

옮긴이의 말

현재 저는 이화여자대학교 철학과에 재직하며 이렇게 야스퍼스의 철학 책을 번역하고 있지만, 사실 대학에서는 기계항공공학을 전공했습니다. 인문학과 거리가 먼 삶을 살던 저를 철학의 길로 인도한 것은 프리드리히 니체의 실존철학이었습니다. 그때가 2000년이었으니 벌써 20년의 세월이 흘렀네요. 그럼에도 실존철학에 대한 저의 애정은 식지 않은 것 같습니다.

참으로 감사하게도 저는 제가 사랑하는 것을 연구하고 가르치는 삶을 누리고 있습니다. 2018년에 처음으로 실존철학 강의를 진행했을 때 실존철학을 대표하는 6명의 철학자(키르케고르, 니체, 야스퍼스, 마르셀, 하이데거, 사르트르)를 주로 다루었습니다. 그때 저도 처음으로 야스퍼스의 글을 읽어보았고 흥미가 생겼습니다. 그의 실존철학을 좀 더 이해하고 싶어서 책을 찾아보다가 지금 번역하고 있는 이 책의 존재를 알게 되었습니다.

도서관에서 처음으로 책을 보았을 때, *Jaspers Philosophisches Denken*(야스퍼스 철학적 생각)이라는 제목이 붙은 간소한 표지가 마음에 들었습니다. 그 자리에서 바로 책의 머리말을 읽었는데, 황혼이 깃든 대철학자의 생생한 목소리를 듣는 느낌이었습니다.[1] 곧바로 책을 빌려서 통독했고, 번역을 결심했습니다. 번역

---

1 야스퍼스는 철학 교육을 위해서 텔레비전을 활용한 최초의 독일어권 철학자들 가운데 한 명입니다. 이 책은 그가 독일 바이에른주州 공영방송의 텔레비전 대학에서 행한 강의의 원고를 묶어 출판한 것입니다. 야스퍼스의 강의는 1964년 10월부터 12월까지 13주에 걸쳐 진행되었습니다. 아마도 10월 1일 목요일에 개강한 것으로 짐작됩니다. 왜냐하면 책의 머리말 끝에 1964년 10월이라고 적혀 있고, 그의 강의에 대한 기사가 10월 2일 신문에 실렸기 때문입니다. 기사의 제목은 「56번 채널: 텔레비전 수상기를 통해 교양 쌓기. 바이에른주의 세 번째 텔레비전 프로그램Kanal 56: Bildung aus der Röhre, Das Dritte Fernsehprogramm in Bayern」입니다. 제목에서 알 수 있는 것처럼 기사는 야스퍼스의 강의에 대한 것만은 아니고, 바이에른 방송의 교양 프로그램 전반에 대한 것입니다. 야스퍼스의 강의와 관련된 부분을 번역하면 다음과 같습니다. "칼 야스퍼스 교수는 그의 '철학적 생각을 배우는 작은 수업'을 우주와 생명체에 관한 고찰로 시작했습니다. ('생명체는 살아 있는 육체이고, 육체의 구조는 무한한 형태로 되어 있습니다.') 위대한 철학자는 벽면 전체를 차지한 책장 앞에서 말했고, 규칙적으로 그의 정면과 측면이 교대로 화면에 잡혔습니다. 위대한 인물의 얼굴을 한참 동안 공부하는 것은 매혹적일 수 있습니다." 이 기사의 마지막 문장은 기자가 야스퍼스의 강의를 이해하지 못했음을 암시하는 것 같습니다. 야스퍼스가 어떻게 강의를 진행했는지 궁금한 독자 여러분은 유튜브에서 "Karl Jaspers, Kleine Schule des philosophischen Denkens"를 검색하면 "아홉 번째 강의: 공개성Öffentlichkeit"이라는 영상을 찾아볼 수 있습니다. 영상의 길이는 28분 33초인데, 강의의 끝이 아쉽게도 포함되어 있지 않습니다.

과정은 일보다는 배움(수업)에 가까웠습니다. 아직도 철학을 잘 모르는 제가 철학이 무엇인지, 철학을 통해 인류가 어떻게 지혜로워질 수 있는지 생각해보게 된 매우 소중한 시간이었습니다. 저의 번역이 독자 여러분에게 야스퍼스의 철학과 지혜를 전달하는 자리가 되기를 희망합니다.

그런데 이 책에 담긴 야스퍼스의 철학과 언어는 결코 쉽지 않습니다. 원래 책이 어려운 탓도 있고, 저의 번역이 미흡한 탓도 있을 것입니다. 그래서 독자 여러분의 이해를 돕고자 각 강의를 간단히 요약하고자 합니다. 요약은 칼 야스퍼스 재단Karl Jaspers Stiftung에서 『철학적 생각을 배우는 작은 수업』을 소개해놓은 자료에 근거합니다.[2]

책의 머리말에서 야스퍼스는 자신에게 철학이란 생각의 방식을 의미하지 한 전문 분야의 지식을 뜻하지 않는다고 분명히 말합니다.

첫 번째 강의 "우주와 생명체"에서는 세계를 통일된 전체로 파악할 수 없다는 과학의 한계가 제시됩니다. 이런 한계를 무시하면 과학에 대한 비과학적 맹신이 생겨납니다.

두 번째 강의 "역사와 현재"에서 야스퍼스는 세계사의 흐름

---

2 Karl Jaspers Stiftung, "Kleine Schule des philosophischen Denkens"(https://jaspers-stiftung.ch/de/karl-jaspers/kleine-schule-des-philosophischen-denkens).

안에서 현대인의 의식의 기초를 이루는 정신적 사건들이 있었던 굴대 시대(기원전 800년부터 200년까지)에 대한 자신의 주장을 소개합니다. 그는 역사를 결정론적으로 해석하는 것에 반대하고, 철학을 통해 미래의 개방성을 강조합니다. 미래가 열려 있으므로 개인은 역사적 발전에 대한 책임 의식을 지녀야 합니다.

세 번째 강의에서 다루는 "근본에 대한 앎"은 주관-객관-분열 가운데 얻을 수 있는 지식과는 다른 종류의 것입니다. 그 앎은 객관으로 파악되지 않는 근본적 존재, 즉 분열 자체를 아우르는 존재에 대한 앎입니다.

네 번째 강의 "인간"에서 야스퍼스는 고대부터 현대에 이르는 역사의 흐름 속에서 인간상이 어떻게 변화했는지를 보여줍니다. 그는 유일무이하게 참된 인간상이란 없고, 따라서 인류가 그런 인간상을 모범으로 삼을 수도 없다는 점을 강조합니다. 왜냐하면 모두가 그 하나뿐인 인간상을 따라야 한다면 아무도 자유롭지 않을 것이기 때문입니다.

다섯 번째 강의 "정치 토론"은 철학이 항상 정치적 의의를 가진다는 말과 함께 시작합니다. 이어서 야스퍼스는 일반적인 정치 토론의 사례를 하나 제시하고 그 문제점을 지적합니다. 마지막으로 철학이 성숙한 정치 토론에 기여하는 바를 말합니다.

여섯 번째 강의 "인간의 정치적 성장"에서는 폭력, 자유, 정치의 관계가 명료하게 드러납니다. 이에 더하여 합리적인 정치가가 정치인의 이상적인 모습으로 제시됩니다.

일곱 번째 강의 "지식과 가치판단"에서 야스퍼스는 그가 존경한 막스 베버를 따라서 개인적 가치판단이 빠진 순수한 과학을 지지합니다. 이런 순수성을 지키는 것이 진실한 과학자의 도덕이라고 말합니다.

여덟 번째 강의 "심리학과 사회학"에서는 맑스의 사회학과 프로이트의 심리학에서 보이는 절대적 일반화의 경향을 비판합니다. 두 인물은 각각 자신의 과학만이 인간의 모든 현상을 빠짐없이 탐구할 수 있다는 인상을 주면서 과학을 사이비 믿음으로 왜곡합니다.

아홉 번째 강의 "공개성"에서 야스퍼스는 개방성의 경향과 폐쇄성의 경향을 비교합니다. 정치의 영역에서 폐쇄성의 경향은 비밀 유지와 검열에서 보이고, 개방성의 경향은 공개성의 비판적 공간에서 드러납니다. 그 공간은 민주적인 사회의 근본을 이루고, 국민이 스스로 성숙해지는 곳입니다.

열 번째 강의 "암어문"은 초월자의 언어에 관한 것입니다. 인간이 대상으로 파악할 수 없는 초월자는 간접적으로 개인에게 말을 겁니다. 암어문의 유동성은 종교에서 초월자를 인격을 지닌 신의 모습으로 고정하는 것을 막을 수 있습니다.

열한 번째 강의 "사랑"에서 야스퍼스는 초월적 사랑에 대해서 고찰합니다. 이런 사랑은 만물의 근거에 대한 신뢰이고, 진리와 진실성의 조건이고, 모든 개인의 삶에서 단 한 번 일어나는 대단한 사건입니다.

열두 번째 강의 "죽음"은 한계상황으로서의 죽음에 대해서 논합니다. 야스퍼스에 따르면 철학은 죽음 앞에서 손쉬운 위로나 성급한 안정을 주려고 해서는 안 되고, 진실성을 대변해야 합니다. 죽음 앞에서 죽음을 설명할 수 없다는 것을 깨달은 인간은 진정한 자기 자신으로 존재할 수 있습니다.

열세 번째 강의 "세계 안에서의 철학"에서 야스퍼스는 다시 한번 철학의 과제에 관해서 말합니다. 철학은 항상 진리를 확인해야 하고, 철학을 통해 진리를 알아본 인간은 인간답고 자유롭게 살 수 있게 됩니다.

이상으로 칼 야스퍼스 재단에 소개된 자료를 바탕으로 강의 하나하나에 대한 간략한 소개를 마칩니다. 이제는 번역하면서 제가 개인적으로 받은 인상을 조금 말씀드릴까 합니다.

『철학적 생각을 배우는 작은 수업』은 머리말, 제1부, 제2부, 3부, 결론으로 이루어져 있습니다. "제1부 출발점"에서는 야스퍼스가 우주, 역사, 존재, 인간을 실마리로 삼아서 깊이 있는 철학적 통찰에 도달하는 모습을 보며 큰 감동을 받았습니다. 특히 20세기에 자연과학이 이룩한 여러 성과를 그가 나름대로 이해하고 각각의 의의에 대해서 철학적 숙고를 시도한 것이 놀라웠습니다. 우리가 살아가는 21세기에도 많은 자연과학적 발견이 이어지고 있습니다. 가령 아인슈타인이 예측했던 중력파가 2017년에 처음으로 관측되었습니다. 이처럼 과학이 진보하는 한 철학적 사유도 계속해서 과학과 함께 나아갈 것입니다.

"제2부 정치에 관해서"를 번역할 때에는 1960년대 독일의 상황이 현재 한반도의 상황과 여러 측면에서 비슷하다는 느낌을 받았습니다. 그 당시 독일에서 일어난 사건들이 지금 한국 사회에서 일어나고 있기 때문입니다. 그 뒤로 꾸준히 정치 문화를 성숙시킨 독일은 통일국가를 이루었고 현재는 유럽연합을 이끄는 지도국의 위치에 있습니다. 이런 발전이 오로지 철학 덕분만은 아닐 것입니다. 그럼에도 저는 철학이 한국 정치 문화의 성숙에 기여할 수도 있겠다는 희망을 품게 되었습니다.

"제3부 영원에 내린 닻"에서는 야스퍼스 철학의 신비주의적 향기가 물씬 풍겼습니다. 특히 두 연인의 사랑을 영원에서 유래한 것으로 설명한 부분이 매우 인상적이었습니다. 초월적 사랑은 영원의 하늘로부터 시간의 땅으로 벼락처럼 떨어지고, 그 벼락에 맞은 두 사람은 마치 서로를 오래된 연인 혹은 이미 영원히 사랑한 사이처럼 느낀다고 합니다. 천생연분天生緣分도 초월적 사랑 때문일 것입니다. 저에게 또 인상적이었던 부분은 야스퍼스가 권태로운 노부부의 삶 역시 초월적 사랑으로 설명한 점입니다. 노부부가 서로에게 하는 농담은 다른 사람에게 비현실적이고 시시하고 어리석게 들릴 수 있습니다. 하지만 두 사람에게는 서로가 세상에서 가장 재미있는 사람이고, 배우자가 수없이 반복한 똑같은 농담도 세상 최고의 우스갯소리입니다. 이렇게 한결같은 모습을 보일 수 있는 이유는 그들의 사랑이 영원하기 때문일 것입니다. 이와 같은 사랑의 신비를 저를 비롯한 많은 사람이 경험하면 좋겠다는 생각이 들었습니다.

『철학적 생각을 배우는 작은 수업』을 번역하기 전에 저는 야스퍼스의 사상에 대해서는 이차 문헌을 통해 어느 정도 알고 있었지만 그의 생애에 대해서는 아는 바가 거의 없었습니다. 이 책의 번역을 준비하기 위해 야스퍼스의 평전을 읽었고,[3] 그를 인간적으로 무척 좋아하게 되었습니다. 그래서 이 자리에서 그의 멋진 생애의 일부를 독자 여러분에게 소개하고자 합니다.

야스퍼스는 독일의 북쪽 바다에 가까운 도시 올덴부르크에서 1883년에 태어났습니다. 거기서 어릴 때 보았던 광활한 하늘과 바다의 수평선이 그의 철학의 기초가 되었습니다.

야스퍼스는 어릴 때부터 몸이 허약했기 때문에 부모의 병간호를 받아야만 했습니다. 사람이 계속 아프면 성격이 어두워질 수도 있는데 야스퍼스는 사랑이 넘치는 부모 덕분에 그렇게 되지 않았습니다. 야스퍼스의 말을 인용해보겠습니다. "저는 한 번도 건강해본 적이 없습니다. 그러나 부모님은 저의 건강 상태가 아주 심각한 지경에 이르렀을 때조차도 결코 용기를 잃으신 적이 없었습니다. 그들은 저에게 삶이 얼마나 아름다운 것인지를, 제가 그들에게 짐이 아니라 기쁨이라는 것을 느끼게 해주셨습니다."[4]

---

3 한스 자너, 『야스퍼스』, 신상희 옮김, 한길사, 1988.

야스퍼스는 초등학교 때 전혀 노력을 기울이지 않아도 수학은 잘했고, 아무리 노력해도 어학은 잘 못했습니다. 특히 독일어 작문 시간을 많이 힘들어했습니다. 야스퍼스의 글이 읽기 쉽지 않은 것은 그런 이유 때문인지도 모르겠습니다.

1901년 4월에 야스퍼스는 프라이부르크대학의 법학과에 입학했지만 곧 건강이 심각하게 악화되어서 스위스의 실스 마리아(니체가 요양을 하며 『차라투스트라는 이렇게 말했다』를 집필한 곳)로 요양을 떠났습니다. 이곳에서 야스퍼스는 자신의 진로를 결정했습니다. 그가 부모에게 보낸 편지를 인용해보겠습니다. "언제부턴가 법학을 포기하고 의학을 공부하고 싶다는 생각이 굳어졌습니다. … 앞으로 철학 박사가 되고 싶지만, 그보다는 우선 심리학과 철학을 정립할 수 있는 근본 토대의 하나로서 의학 공부를 심도 있게 하고자 합니다. … 현재 제 계획은 이렇습니다. 11학기에서 12학기 정도에 해당하는 정해진 학기를 마친 다음 국가 자격시험을 보려고 합니다. 그런 이후에도 지금처럼 자신감이 넘치면 정신병리학과 심리학을 전공할 것입니다. … 의학과 자연과학을 섭렵한 저에게는 철학이 살아 숨 쉬게 될 것입니다. 철학은 자연과학의 그릇된 오만과 편협한 생각으로부터 저를 지켜줄 것입니다. 철학은 삶 전체에 내용을 부여해주니까요. 철학은 또한 자연과학적인 사유의 부당함으로부

---

4 같은 책, 19쪽.

터 저 자신을 지켜줄 것입니다. … 이제 저는 지금까지 살아왔던 저의 삶과 결별해야 할 시점에 와 있습니다. 그러나 저는 진정 옳은 일을 하고 있다는 기쁨으로 충만해 있습니다."[5] 『철학적 생각을 배우는 작은 수업』을 읽은 독자 여러분은 야스퍼스가 자신의 계획을 행동으로 옮겼다는 것을 알 수 있을 것입니다.

야스퍼스는 1908년에 하이델베르크대학에서 의사 국가 자격시험에 합격하고 1909년에 의사 개업 면허증을 취득한 후, 1915년까지 하이델베르크대학 병원장 프란츠 니슬 박사의 조교로 근무했습니다. 야스퍼스는 정신병리학 병동에서 일하고 연구했으며, 그 결과를 1913년에 『정신병리학 총론』으로 출판했습니다.[6] 이 책에 대한 찬사를 하나 인용해보겠습니다. "이 책은 우리가 전공하는 의학 분야의 역사에서 단 한 번에 저자에게 지속적인 위치를 보장해준 비상한 책입니다. 이 책은 결론인 동시에 시작입니다. … 이 책의 저자는 철학적인 훈련과 특히 개념적인 명석함으로 사태를 꼿꼿하게 직시하면서도 모든 사변적 논의를 철저하게 거부하고 있습니다."[7]

야스퍼스는 대학에서 전공으로 철학을 배운 것이 아닙니다. 그는 일찍이 혼자 스피노자, 루크레티우스, 쇼펜하우어, 니체,

---

5 같은 책, 33쪽.
6 카를 야스퍼스, 『정신병리학 총론』, 송지영 외 옮김, 아카넷, 2014.
7 자녀, 앞의 책, 49쪽.

플로티노스, 셸링, 칸트, 키르케고르, 헤겔 등 수많은 철학자에 관해 읽었습니다. 특히 스피노자를 읽으면서 그는 자신의 병약한 존재를 긍정하는 영혼의 힘을 느꼈습니다. 야스퍼스에게 철학의 의의는 다음과 같았습니다. "철학은 도저히 헤아릴 수 없을 만큼의 가치를 지니고 있습니다. 만일 철학이 없다면 삶은 혐오스러운 것이 되고 말 것입니다."[8]

야스퍼스에게 철학을 하겠다는 용기는 1910년에서 1920년 무렵까지 당대의 철학자들과 개인적으로 접촉하면서 서서히 생겨났습니다. 그는 자신이 따르고 싶은 철학자의 모습과 거부하고 싶은 철학자의 모습 사이에서 반드시 필요한 철학자의 모습을 찾아갔습니다. 야스퍼스에게 살아 있는 이상적인 철학자는 막스 베버였습니다. 야스퍼스는 베버에게서 풍부한 교양, 권위에 굴하지 않는 용기, 결코 추종을 요구하지 않는 참다운 지도자의 정신을 느꼈습니다. 베버에 대한 야스퍼스의 찬사를 인용해보겠습니다. "베버는 자신의 뜻을 제대로 펴보지 못한 위대한 정치가인 동시에 위대한 학자였으며, 또한 그 무엇보다도 그는 위대한 인간이었습니다. 비록 그가 어떠한 철학도 독창적으로 제시해내진 못했지만 그는 한 인간으로서 철학을 했던 것입니다."[9]

8 같은 책, 52쪽.
9 같은 책, 57쪽.

독일의 대학에서 교수가 되기 위해서는 박사 학위논문 이후에 교수 자격 논문을 하나 더 작성해야 합니다. 야스퍼스는 자신의 저서 『정신병리학 총론』을 교수 자격 논문으로 제출하고 교수 자격을 취득했습니다. 그는 심리학을 가르쳤고, 심리학을 철학 및 다른 학문과 독립된 학문으로 정초하고자 노력했습니다. 야스퍼스는 자신의 연구와 강의를 『세계관의 심리학』(1919)이라는 제목의 책으로 출판했고, 그 덕분에 1921년에 하이델베르크대학 철학과 교수로 임용되었습니다. 그런데 철학과의 원로 선배 교수인 리케르트는 야스퍼스의 새로운 심리학적 철학을 무시했고, 그를 인격적으로 공격했습니다. 야스퍼스는 매우 어려운 상황에 처하게 되었습니다.

야스퍼스가 기존의 강단 철학에 맞서 논쟁을 벌일 때 큰 힘이 되어준 것은 하이데거와의 우정이었습니다. 두 사람은 모두 철학을 새롭게 되살리고 대학에서의 철학함을 근본적으로 변혁시키기 위해 모든 노력을 기울여야 한다고 생각했습니다.

두 사람의 우정은 나날이 깊어지면서 한동안 지속하였지만 하이데거가 1933년에 나치당에 가입함으로써 파국에 이르렀습니다. 야스퍼스는 강의 중에 유대인 철학자 스피노자에 대해서 가르쳤다는 이유로 1937년 여름학기의 마지막 강의 시간 직전에 해직을 통보받았습니다. 야스퍼스는 자신의 강의를 다음과 같이 마무리했습니다. "학기가 끝나갈 무렵에 저는 종종 철학이란 결코 완성된 전체가 아니라는 말을 했습니다. 준비된 강의가 다 완결되기도 전에 강의를 중단할 수밖에 없다는 사실은 마치 철학이 미완의 상태로 남아 있을 수밖에 없다는 점과 일맥상통하는 것 같습니다. 물론 철학함은 그런 과정에서도 기필코 성취되고야 말 것입니다. 비록 우리의 강의는 중단되지만 철학함의 자세는 앞으로도 계속 이어질 것입니다."**10**

나치 정권의 문화공보부는 1938년부터 야스퍼스의 저술 활동에 간섭하기 시작했고, 1943년에는 그의 저술 활동을 완전히 금지했습니다. 그 이후부터 나치 정권은 야스퍼스와 그의 유대인 부인을 극도로 탄압했고, 그 탄압은 미국이 1945년 3월에 하이델베르크를 점령하고 나서야 끝났습니다. 그때 야스퍼스는 다음과 같은 메모를 남겼습니다. "독일인인 제가 나치 국가의 이름으로 저와 저의 아내를 파멸시키고자 했던 독일인을 증오하면서 거꾸로 미국인에게 감사할 수밖에 없었다는 사실은 도저히 잊을 수 없을 것입니다."**11**

독일의 패전 후에 야스퍼스는 가장 먼저 하이델베르크대학의 재건에 관여했습니다. 그가 생각한 대학의 모습은 다음과 같았습니다. "학생들에게는 배움의 자유가 있습니다. … 교수와 학생은 다 같이 능력과 인격으로 인정받는 올바른 정신적 질서에 처해 있는 것이며, 이러한 질서는 민주적으로 관리되어야 합

---

10 같은 책, 79쪽.
11 같은 책, 87쪽.

니다. 이러한 질서에는 상호 동반 관계가 성립합니다. 대학의 일차적 과제는 순수한 학문 연구에 있으며, 대학이 차지하는 위치는 국가의 통제로부터 벗어난 자유로운 영역에 있습니다. 그렇다고 정치적 생활을 떠나 있다는 말은 아닙니다. … 오늘날 독일에서는 우리의 사회의식을 변혁하는 것이 학문적 연구의 핵심 문제로 부각되고 있습니다."[12]

1945년부터 야스퍼스는 정치에 관한 저술 활동을 시작했습니다. 그는 연합군의 도움으로 새로운 국가를 세우게 된 독일인을 위해 수많은 사람과 연대하여 저술가로서 자국민의 심정을 대변해야겠다는 확고한 목표를 갖고 있었습니다. 군사정권이 모든 권력을 장악하고 있었으므로 그는 미래지향적인 정치의 참된 토대를 마련하고자 했습니다. 이를 위해 정치적인 현안보다는 오히려 정신적·윤리적 핵심 문제를 다루어야 한다고 생각했습니다.

1948년에 야스퍼스는 스위스 바젤대학의 교수로 부임했고, 그해 여름 학기부터 1961년의 여름 학기까지 강의했습니다. 그는 철학사에 관한 강의를 여러 차례 진행했고, 칸트, 니체, 키르케고르, 헤겔의 철학에 대해서 가르쳤습니다. 이 시절 야스퍼스는 수많은 논문과 저서를 출판했습니다.

1965년부터 야스퍼스는 건강이 매우 악화되었습니다. 횔체

---

12 같은 책, 95쪽.

어 신세를 졌고, 1968년에는 기억력 감퇴, 발작, 실어증이 나타
났습니다. 그러다가 1969년 2월 26일, 사랑하는 아내의 90회 생
일날 세상을 떠났습니다. 그의 유해는 스위스 회른리 공동묘
지Friedhof am Hörnli에 안장되었습니다. 이 공동묘지는 독일 국
경에 매우 가까운 곳에 있는데, 야스퍼스가 죽어서도 언제나 독
일 땅을 바라볼 수 있도록 미리 정해둔 자리라고 합니다.

  마지막으로『철학적 생각을 배우는 작은 수업』을 번역하는
데에 도움을 주신 많은 분께 감사를 드리는 것으로 이 글을 마
치도록 하겠습니다.
  이 책은 이미 두 차례 한국어로 번역이 되어 각각 20세기와
21세기에 출판이 되었습니다.¹³ 기존 번역은 저의 번역의 밑거
름이 되었습니다. 가령 표재명 선생님의 번역을 제가 참조하지
않았다면 저는 "소련"과 "중공"이 아니라 "러시아"와 "중국"이
라는 번역어를 사용했을 것입니다. 기존의 두 번역과 저의 번
역을 일일이 비교하는 데에 도움을 주신 제 연구 조교 두 분(최
정은 님과 박지윤 님)께 감사를 드립니다. 두 분은 또한 저의 번역
초고 전체의 교정 및 윤문 작업을 도와주기도 했습니다. 또 제

---

13 칼 야스퍼스,『철학적 사유의 작은 학교』, 이상철·표재명 옮김, 서광사,
    1986; 카를 야스퍼스,「철학학교」,『철학학교/비극론/철학입문/위대한
    철학자들』, 전양범 옮김, 동서문화사, 2016.

가 서울대학교에서 시간강사로 강의할 때의 인연으로 같이 공
부하는 벗이 된 이하영 님과 홍성훈 님에게도 고마움을 표합니
다. 두 분 덕분에 저의 번역은 가독성이 매우 높아졌고, 훨씬 자
연스러운 한국어로 읽을 수 있게 되었습니다.

제가 앞에서 말씀드린 것처럼 이 책에 담긴 야스퍼스의 철학
과 언어는 쉽게 이해할 수 있는 것이 아니었습니다. 특히 그의
독일어가 저에게는 무척 낯설었습니다. 많은 문장이 문법에 맞
지 않는 것처럼 보였습니다. 제가 졸업논문이나 학위논문을 지
도할 때에는 비문들에 표시를 한 후 학생에게 고쳐 쓰라고 하
면 되지만 알다시피 야스퍼스에게는 그렇게 할 수 있는 상황이
아니었습니다. 제가 그의 글을 많이 읽었다면 눈치껏 그의 문장
의 의도를 파악하여 온전하게 번역했을 수도 있었겠지만 그러
기에는 그의 글에 대한 저의 경험이 충분하지 못했습니다. 저
의 부족한 경험을 보완해준 것은 영어 번역이었습니다.[14] 영어
번역자 두 분 헐과 웰스께 고마움을 전합니다. 그런데 야스퍼
스의 책은 그들에게도 이해하기 쉽지 않았던 것 같습니다. 영
어 번역의 서두에서 다음과 같은 짤막한 감사문을 볼 수 있습
니다. "번역자들은 야스퍼스 교수의 글에서 다수의 복잡한 구

---

14 Karl Jaspers, *Philosophy is for Everyman. A Short Course in Philosophical Thinking*,
  translated by Richard Francis Carrington Hull and Grete Wels, New York:
  Harcourt, Brace & World, 1967.

절을 해석하고 해명할 때 한나 아렌트 박사로부터 받은 도움에 감사를 표하고 싶습니다The translators wish to acknowledge the help extended to them by Dr. Hannah Arendt in interpreting and elucidating a number of complex passages in Professor Jaspers' text." 아렌트(1906-1975)는 1928년에 야스퍼스의 지도로 박사 학위를 취득했습니다. 1932년에 시작된 두 사람의 우정은 야스퍼스가 생을 마감할 때까지 계속되었습니다. 아렌트는 1941년에 미국으로 이민을 갔고, 곧 영어를 완벽하게 구사하게 되었습니다. 따라서 야스퍼스의 철학과 언어를 영어로 가장 잘 번역할 수 있는 사람은 바로 아렌트였던 것입니다. 이 자리에서 저도 아렌트에게 고마움을 표하고 싶습니다. 그런데 한국어 번역과 영어 번역을 참조해도 제가 도저히 이해할 수 없는 야스퍼스의 독일어 문장들이 적지 않았습니다. 그 문장들을 해석할 때 도움을 준 저의 독일인 친구 두 명(크리스티안 바이어Christian Baier 교수와 엠마누엘 자이츠Emmanuel Seitz 박사)에게도 감사를 전하고 싶습니다.

2020년 1학기에 제가 진행한 수업의 수강생이 저의 미흡한 번역 초고를 읽고 많은 질문을 제기해주었습니다. 그 질문에 대해서 생각해보고 답하는 과정에서 저는 이 책을 더 깊이 이해할 수 있었습니다. 그 고마움의 표시로 수강생에게 이 책을 선물로 드리도록 하겠습니다.

『철학적 생각을 배우는 작은 수업』은 제가 인문 사회 출판사 이학사와 함께 번역한 세 번째 책입니다. 많은 사람이 독서와 사색思索이 아니라 인터넷 검색檢索을 선호하는 시대에 계속해서 묵묵히 인문 사회 서적을 만들어 내시는 강동권 사장님께 깊은 감사를 드립니다. 아울러 이 책을 성심성의껏 교정해주신 편집자 김다혜 님께도 고마움을 전합니다.

보통 옮긴이의 말은 출판사에 대한 감사문으로 마무리되지만 지금은 신종 코로나바이러스로 인해 신보통New Normal 시대가 되었습니다. 그래서 저는 특별한 감사를 드리고 싶고, 드려야 할 것 같습니다. 어릴 때부터 학교에서 공부하는 습관이 몸에 밴 저는 지금도 학교에서만 연구를 수행합니다. 출퇴근을 위해 늘 대중교통을 이용하고, 학내 식당에서 하루 식사를 모두 해결합니다. 이렇게 사는 제가 무사히 번역을 마칠 수 있었던 것은 대중교통과 식당 관계자의 철저한 방역 작업 덕분입니다. 또한 서울을 포함한 대한민국의 모든 시민이 사회적 거리 두기를 잘 실천해주셨기 때문입니다. 따라서 대한민국의 모든 시민에게도 고마움을 전하고 싶습니다. 그래서 답례의 의미로 이 책의 초판 1쇄의 인세를 코로나바이러스 감염증-19 확산 방지를 위해 기부하도록 하겠습니다.

팬데믹 상황 속에서 대부분의 인류가 힘들어하는 시기에 사실 저는 미안하면서도 고맙게 날마다 기쁜 마음으로 번역 작업에 몰두할 수 있었습니다. 마스크 대란이 일어났을 때도 크게 걱정하지 않았습니다. 왜냐하면 야외로 창문이 난 넓은 연구실을 홀로 사용하고 있었기 때문입니다. 쾌적한 환경에서 편안하

고 행복하게 번역할 수 있었던 것은 제가 이화여자대학교 철학
과에 자리를 잡을 수 있도록 애써주신 여러 선생님 덕분입니다.
그분들께 심심한 사의를 표합니다.